El Mundo Today es el diario satírico más visitado de España. Fundado en 2009 por Kike García y Xavi Puig, a quienes se uniría más tarde Javi Ramos, lleva años colaborando con la prensa (*El País*, *El Periódico*), la radio (Cadena SER) y la televisión (La Sexta, TVE, TV3), además de contar con varios libros publicados. Ha ganado diversos premios de prestigio en el mundo de la comedia, como el Blasillo de Huesca, impulsado por Forges, o el Premio Berlanga.

José David Morales es dibujante de nacimiento y murciano por vocación. Estudió Bellas Artes impulsivamente y en los últimos diez años ha publicado en periódicos como *Il Corriere della Sera* o *The Washington Post*. Sus dibujos, que se mueven entre lo sobrio y lo voluptuoso, aparecen en numerosas portadas de discos y libros, algunos de ellos en Alfaguara, Flatiron Books, La Esfera de los Libros, Es Pop, Random House… y ahora también en el cuaderno que tienes entre manos.

Papel certificado por el Forest Stewardship Council®

MIXTO
Papel | Apoyando la
silvicultura responsable
FSC® C117695

Penguin
Random House
Grupo Editorial

Primera edición: junio de 2025

© 2025, El Mundo Today
© 2025, José David Morales, por las ilustraciones
© 2025, Penguin Random House Grupo Editorial, S.A.U.
Travessera de Gràcia, 47-49. 08021 Barcelona
Idea y redacción: Kike García, Xavi Puig y Javi Ramos
Diseño de interiores: Marc Monguilod

Printed in Spain – Impreso en España

ISBN: 978-84-10433-84-7
Depósito legal: B-6.274-2025

Impreso en Gómez Aparicio, S. L.
Casarrubuelos (Madrid)

C433847

EL VERANO TODAY
CUADERNO
DE ACTIVIDADES DE EL MUNDO TODAY

ILUSTRADO POR
JOSÉ DAVID MORALES

DEBATE

Antes de empezar,
demuéstranos que no eres un robot.

 ☐ I'M NOT A ROBOT

reCAPTCHA

Vale, ahora selecciona las imágenes
en las que haya un semáforo que permita el paso a un ciclista.

 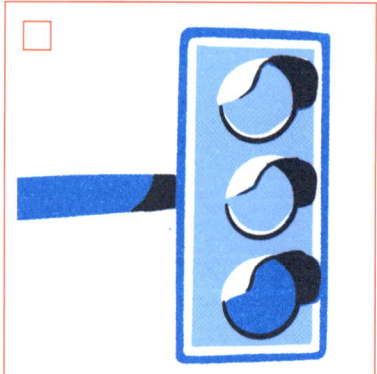 

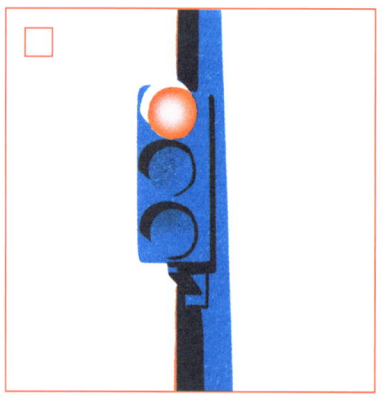  

Estupendo.
Por último, acepta nuestras *cookies*.

Escribe aquí todos los datos personales que se te ocurran para que podamos vendérselos a nuestros colaboradores y así ganar muchísimo dinero a tu costa.

UNE EL ESPÓILER CON LA SERIE
(CUIDADO, CONTIENE ESPÓILERS)

Tú, que tienes Netflix, Max, Disney+, Filmin, Movistar+ y hasta Flixolé, pero te las has apañado para pagar solamente Prime Video —y eso porque tienes Amazon Prime para que los paquetes te lleguen lo antes posible—, te crees un experto en series. Pues vamos a ver cuánto sabes de televisión. Une los siguientes espóilers con la serie correspondiente.

Mueren todos menos el enano. →

• *Breaking Bad*

A partir de la tercera temporada es una mierda sin sentido. →

• *El cuento de la criada*

Al final gana Elon Musk. →

• *La casa de papel*

La serie acaba sobrevaloradísima. →

• *Narcos*

Los protagonistas se van todos a la BBC. →

• *Succession*

La realidad acaba plagiando a la serie. →

• *Perdidos*

Un montón de idiotas idolatrando a un asesino. →

• *Los Simpson*

Con suerte terminará en república. →

• *El Ministerio del Tiempo*

Al final acaba siendo justo lo que parodiaba al principio. →

• El mundo desde 2020

Empiezan robando un banco y acaban robándole el tiempo a millones de espectadores. →

• *Juego de tronos*

Todo es un sueño de Resines. →

• *The Crown*

¿SABES VESTIRTE COMO UN AUTÉNTICO CULTURETA?

Ser una persona culta requiere mucho tiempo y esfuerzo, algo que no todo el mundo tiene ni está dispuesto a invertir, así que es más rápido limitarse a vestirse como un cultureta. Eso sí, no es tan fácil como parece. Cada uno de estos complementos tiene un valor nominal; llega hasta 10 para ser un auténtico cultureta, pero procura no pasarte porque entonces sabrán que eres un farsante.

Monóculo (1,7)

Gafas de pasta (2,1)

Sombrero de copa (1,3)

Bigote imperial (1,1)

Camiseta irónica (1,6)

Batín (0,7)

Pipa (3,2)

Copa de brandi (0,4)

Fular (2,5)

Tirantes (0,2)

ENCUENTRA LAS SIETE DIFERENCIAS

A priori, estas dos imágenes parecen completamente idénticas; de hecho,
se podría decir que una es un plagio de la otra. No obstante, si miras con atención descubrirás
que hay hasta siete diferencias. Localízalas y escríbelas.

1) ....

....

2) ....

....

3) ....

....

4) ....

....

5) ....

....

6) ....

....

7) ....

....

ADIVINA LA CANCIÓN

¿Cuán entrenado tienes tu oído musical? ¿Eres de los que, con apenas un par de acordes,
ya saben qué canción está sonando? ¿Tus amigos te llaman Shazam a tus espaldas?
¿Has escuchado más de diez canciones en tu vida? Pues entonces esta actividad
te resultará muy sencilla. Adivina el título de estas cinco famosas canciones.

1)
TATATA TATARAAA TATA TA TA TARAAAA TA TA TAA TAAA TARAAAAA TA TARA TA TA
TAAAAAAAAAA TATATA TATARAAA TATA TA TA TARAAAA TA TA TAA TAAA TARAAAAA TA TARA TA
TA TAAAAAAAAAA

....

2)
NANANANA NA NAAAAA NANANANA NA NAAAAAA NANANANA NA NAAAA NANANANA NA
NAAAAAA ALEJANDRO NANANANA NA NAAAA NANANANA NA NAAAAAA ALEJANDRO NANANANA
NA NAAAA NANANANA NA NAAAAAA

....

3)
TAN TAN TAN TAAN TAN TAN TAN TAAN TAN TAN TAAN TAN TAN TAN TAN TAAAAA
TAN TANTAN TAN TAN TAAAA TAN TA TA TANTA TAAAN TA TA TATA TANTAN TAN TAN TAN TAAAN
TA TAAAN TAN TAN TAN TAAAAAAA

....

4)
TITITITRII OOOOH TITITIRIII OOOOOHH TIRITIIIIIII TARARARARARAAAAA TARARERORARIROOOO
TARERIROOOOO TARARATARATARATARA

....

5)
PIPI PIIRRIRI PI PIRI PIPIRIRRI TARARARAAAAA BUUUM POOOOM PIRIBIRIBIRIIII KACHAAAAM
CLOINK PIRIRIBIRIIII TAN TAN TAN FIURIBIRUBIRUBIRUBIIIIIII BIRIBIRIIIII

....

QUIÉN DIJO QUÉ

En ocasiones, los famosos, esas personas superiores al resto de los mortales,
hacen declaraciones impactantes que, aun con el paso de los años, no caen en el olvido.
Tu tarea en esta actividad es adivinar qué famosos y en qué contexto dijeron las siguientes frases.

1) «Nunca se han visto las pirámides de Egipto tan poco transitadas, ojalá que pronto se acabe la revuelta».
a) Pablo Motos en el plató de *El hormiguero*.
b) David Bisbal sobre la Primavera Árabe.
c) Alejandro Magno durante su conquista del norte de África.

2) «Mi actor favorito es Torrente, mi película favorita es *Torrente* y mi actriz favorita es la pescadera esa que pega gritos en *Torrente*».
a) Santiago Segura durante el estreno de *Torrente*.
b) Ernest Urtasun Domènech, ministro de Cultura, en el Congreso de los Diputados.
c) El futbolista Dani Güiza durante una entrevista.

3) «Estad tranquilos y muy firmes. Estoy convencido de que todo el daño causado por la vacuna contra el covid, que tantos problemas, taras, secuelas y muerte ha provocado, ha hecho que la gente despierte e investigue».
a) Pedro Sánchez en una intervención pública durante la pandemia de 2020.
b) Miguel Bosé en una conferencia científica celebrada en Mallorca.
c) Santiago Ramón y Cajal en su discurso de aceptación del Nobel de Medicina.

4) «Confucio era un chino japonés muy antiguo que inventó la confusión».
a) Giosue Cozzarelli, Miss Panamá, en un certamen de belleza.
b) Tenzin Gyatso, decimocuarto dalái lama, durante una conferencia sobre religiones asiáticas.
c) Aitana en concierto mientras cantaba su canción «Confusa».

5) «La injustificada y brutal invasión de Irak... Quiero decir, de Ucrania».
a) Volodímir Zelenski alentando a sus tropas durante un acto en Kiev.
b) El expresidente de Estados Unidos George W. Bush en una conferencia que pronunciaba en un instituto con su nombre.
c) José María Aznar tras su segundo chupito durante una comida en Casa Lucio.

6) «Creo que el matrimonio homosexual es algo que debería darse entre el hombre y la mujer».
a) Pedro Almodóvar en la promoción de su película *Los abrazos rotos*.
b) Irene Montero en su primer discurso tras ser nombrada ministra de Igualdad.
c) Arnold Schwarzenegger, ejerciendo de gobernador de California.

7) «Educadamente te daría un consejo, que probablemente todavía no sabes: el demonio sabe mucho más por viejo que por ser el rey de todos nuestros males».
a) Ramón Melendi Espina, letra de su canción «Cheque al portamor».
b) Juan Pablo II durante su visita papal a París en el año 1997.
c) Óscar Puente, ministro de Transportes, a sí mismo mientras se miraba en un espejo.

8) «¡Viva Honduras!».
a) Discurso de Federico Trillo, ministro de Defensa, en El Salvador.
b) Manolo el del Bombo, en el Santiago Bernabéu, durante un partido internacional entre España y Honduras.
c) Adolf Hitler, en la iglesia de la Guarnición de Potsdam, con motivo de la inauguración del nuevo Parlamento.

9) «La noche me confunde».
a) Juan Carlos I de Borbón pidiendo disculpas a todos los españoles.
b) Declaración judicial de José Bretón.
c) Dinio, expareja de Marujita Díaz, en un plató de televisión.

10) «La hegemonía se mueve en la tensión entre el núcleo irradiador y la seducción de los sectores aliados laterales. Afirmación-apertura».
a) Mensaje de Íñigo Errejón en la red social X (antes Twitter).
b) Frase utilizada por Íñigo Errejón para intentar ligar en una fiesta de Más País.
c) Carta de disculpa de Íñigo Errejón tras ser acusado de abusos sexuales.

AYUDA AL TORO A LLEGAR
AL SANTUARIO ANIMALISTA

Los sanfermines acaban de empezar, se ha soltado a los toros en las calles de Pamplona y los mozos ya han salido a correr. Briboncete, un miura de la ganadería de La Palmosilla, sale disparado en dirección a la plaza de toros sin sospechar qué cruel destino le aguarda. Le dan golpes con los periódicos mientras corre por las calles adoquinadas sin poder pararse a tomar nada porque todos los bares están cerrados. Tu cometido es salvarle la vida. Guía a Briboncete por las calles de Pamplona hasta llevarlo al santuario animalista. Eso sí, ten cuidado de no acabar en la plaza de toros o de cruzarte con toreros como Juan José Padilla.

TITULARES DE PRENSA REALES
O DE EL MUNDO TODAY

Vale, has comprado este cuaderno de actividades porque te crees que sabes mucho de El Mundo Today. Es más, nuestras fuentes nos informan de que vas por ahi presumiendo de ello, incluso que te estás poniendo un poquito insoportable con el tema. Pues vamos a ver si es verdad que sabes tanto. Trata de identificar los titulares que no son de El Mundo Today.

1) «Muere un repartidor después de una jornada de 10 horas y la empresa le multa por no ir al día siguiente».

REAL I EL MUNDO TODAY

2) «Se equivoca y se lleva a toda su familia a pasar un fin de semana en una Caja Rural».

REAL I EL MUNDO TODAY

3) «PETA admite que llevaba años protegiendo al cachopo pensando que era un animal».

REAL I EL MUNDO TODAY

4) «Indemnizan a la mujer de un paciente al que hicieron una vasectomia en lugar de una circuncisión».

REAL I EL MUNDO TODAY

5) «Greta Thunberg hunde cinco petroleros y secuestra dos buques mercantes cargados de plástico durante su travesia por el Atlantico».

REAL I EL MUNDO TODAY

6) «Un granadino vota a Mourinho en las elecciones generales».

REAL I EL MUNDO TODAY

7) «400 ultraderechistas votan por error al candidato comunista y dan la victoria a los socialdemocratas».

REAL I EL MUNDO TODAY

8) «Krissia logra capturar un surimi de casi 40 toneladas».

REAL I EL MUNDO TODAY

9) «Fisicos confirman que la silla de Stephen Hawking sigue diciendo cosas interesantisimas años después de su muerte».

REAL I EL MUNDO TODAY

10) «El embajador de Ecuador asegura que el gato de Julian Assange es un espia».

REAL I EL MUNDO TODAY

11) «Un niño bloquea la tablet de sus padres hasta 2067».

REAL I EL MUNDO TODAY

12) «Un niño prodigio logra licenciarse en Derecho a los nueve años y ya está trabajando en el McDonald's».

REAL I EL MUNDO TODAY

13) «Retiran lazos amarillos en un barrio de Madrid que son cintas contra una plaga de orugas».

REAL I EL MUNDO TODAY

14) «Un loro compra fruta por Alexa cuando no está su dueña».

REAL I EL MUNDO TODAY

15) «Una anciana invoca al demonio en un curso de inglés».

REAL I EL MUNDO TODAY

16) «Inauguran el tren de alta velocidad en India y se estrella contra una vaca».

REAL I EL MUNDO TODAY

17) «El camello de Albert Rivera desmiente que su cliente consuma cocaina».

REAL I EL MUNDO TODAY

18) «Una pareja confunde pegamento con lubricante y acude al hospital para que la separen».

REAL I EL MUNDO TODAY

19) «Tinder confirma que todos los españoles se han acostado ya entre ellos».

REAL I EL MUNDO TODAY

20) «Emiratos Arabes Unidos entrega unos premios de igualdad de género y solo ganan hombres».

REAL I EL MUNDO TODAY

21) «Estudiante sin capacidad de sintesis crea una chuleta más extensa que el libro de texto».

REAL I EL MUNDO TODAY

SOPA LETREADA

Gracias a la cultura *woke* hemos aprendido que decir, por ejemplo, «sopa de letras»
puede resultar muy ofensivo, y por eso preferimos decir que la sopa está letreada.
Para no discriminar a nadie, hemos preparado una actividad que puede hacer con bastante facilidad
absolutamente todo el mundo, a no ser que seas machista, racista, clasista o especista,
o bien odies a la comunidad LGTBIQ+ y a las personas con capacidades diferentes.

A	M	A	N	S	P	R	E	A	D	I	N	G	R	Y
L	R	I	E	R	C	O	C	A	C	O	L	I	N	G
O	T	U	G	O	L	C	A	A	E	I	U	T	L	M
S	J	A	V	I	S	H	L	S	R	C	F	E	M	B
A	E	I	K	L	M	J	I	E	T	I	O	R	S	A
Z	D	G	H	I	U	L	A	Ñ	G	J	R	F	U	R
C	A	N	C	E	L	A	D	O	L	J	U	A	D	B
M	A	R	A	H	X	K	E	R	M	K	M	A	X	I
R	E	T	W	E	E	T	J	O	R	K	O	R	M	E
Y	I	T	M	A	N	S	P	L	A	I	N	I	N	G
E	C	O	F	E	M	I	N	I	S	M	O	Q	L	Ñ
D	E	C	O	N	S	T	R	U	C	C	I	O	N	N
P	Z	C	B	M	P	O	L	L	A	V	I	E	J	A
A	L	I	E	N	A	D	A	B	K	C	V	B	A	E
A	S	O	P	P	E	N	H	E	I	M	E	R	R	M

Número de palabras: 15

CREA TU PROPIO NOMBRE DE TORERO

Si algo define a la cultura española es el toreo. Este arte centenario nos encumbra en el mundo y nos diferencia de los animales. ¿Quién no ha soñado con ser torero en alguna ocasión? Pues, gracias a esta actividad, podrás experimentar en carne propia lo que se siente al pisar el ruedo y torturar hasta la muerte a un animal. Une con flechas las dos columnas y obtén tu nombre de torero. Después solo te quedará triunfar.

Gordito	de La Guineueta
Er Niño	del Mercadona
Morenito	de Cidra
La Gambilla	Chepudo
El Matador	de la Albaca
Rampante	de la Puebla
Rapidito	Sanxe
El Bigotes	de los Cojonazos
El Jordi	Sandunguero
El Vaca	el Vicepandemias
Joseile	Antivacunas de Córdoba
Campurriano	el Funcionario de Jerez
Jironcete	de Jarubera
Cortadillo	X el Sabio
El Perro	el Tomatito Exprimido

TEST:
CUÁN CULTURETA ERES

Ahora que has llegado al final de esta sección, seguramente sepas mucho más de cultura que cuando empezaste. Incluso podrías creer que ya eres todo un cultureta. Pues vamos a comprobarlo. Responde a las preguntas de nuestro test y descubre cuánto lo eres.

1) ¿Quién fue Fiódor Mijáilovich Dostoyevski?

a) Un escritor del Imperio ruso cuya literatura explora la psicología humana en el complejo contexto político, social y espiritual de la sociedad rusa de la segunda mitad del siglo XIX.
b) Un plato ruso elaborado con huevos, patatas y esturión.
c) Un delantero centro del Racing de Santander durante la temporada 97/98.
d) Un «tronista» del programa de Telecinco *Mujeres y hombres y viceversa*.

2) ¿En qué museo está expuesto el *Guernica* de Pablo Picasso?

a) En el Museo Reina Sofía de Madrid.
b) En un mural de la población vasca de Guernica.
c) En el museo del Real Madrid Club de Fútbol.
d) En ninguno, este cuadro fue destruido en la guerra del Golfo.

3) ¿Cuántos premios Oscar ha ganado Woody Allen?

a) Cuatro, tres al mejor guion y uno a la mejor dirección.
b) Tres, dos con *Toy Story 3* y uno con *Toy Story 4*.
c) Ha ganado dos Europa Leagues con el Manchester United.
d) ¿Woody Allen no es el que se casó con su hija? LOL.

4) ¿Cuántas sinfonías compuso Ludwig van Beethoven?

a) Nueve.
b) Seis. Las de Beethoven, Beethoven 2, Beethoven 3, Beethoven 4, Beethoven 5 y Beethoven 6.
c) La de la Champions.
d) Beethoven era el pintor que no tenía oreja y no podía componer música.

5) ¿Quién fue el entremesista más laureado del Siglo de Oro en España?

a) Quiñones de Benavente.
b) Ferran Adrià.
c) Rafael Nadal Parera.
d) La tortilla de patata.

6) Tienes que enseñarle Madrid a tu primo el del pueblo en un solo día. ¿Adónde lo llevas?

a) Ruta que, partiendo del Retiro, pase por el Museo del Prado y la Plaza Mayor y acabe en el Palacio Real.
b) De tapas a Lavapiés.
c) A ver el Real Madrid-Osasuna en el bar de Ramón.
d) Mi primo es un idiota, a mí que no me líe.

7) ¿Cómo se titula la que está considerada como la primera novela moderna?

a) *El ingenioso hidalgo don Quijote de la Mancha*, de Miguel de Cervantes.
b) *Manual de resistencia*, de Pedro Sánchez.
c) *Viaje de ida y vuelta*, de Gerard Piqué Bernabéu.
d) *Así es la puta vida*, de Jordi Wild.

COMPLETA LAS FRASES
DE MARIANO RAJOY

Mariano Rajoy es mucho más que un expresidente corrupto; es todo un filósofo.
¿Quién no ha repetido en cierta ocasión alguna de sus frases? ¿Quién no se ha animado alguna vez gracias a una de sus reflexiones impresas en una taza? Pero ¿cuán experto en Rajoy eres?
Completa estas frases para que queden tal y como las dijo él.

«Hay que fabricar .... que nos permitan seguir fabricando ...., porque lo que no va a hacer nunca la .... es fabricar........................».

«Los ...., nos suben hasta el IVA de los ....».

«Lo que nosotros hemos hecho, cosa que no hizo usted, es engañar a la ....».

«¿Ustedes piensan .... de hablar o hablan .... pensar?».

«Haré todo lo que pueda y un .... más de lo que pueda, si es que eso es posible, y haré todo lo .... e incluso lo ...., si también lo imposible es posible».

«ETA es una gran ....».

«Todo su proyecto político se resume en una máxima: cuanto peor .... para todos y cuanto peor para todos ...., ... para mí el suyo. Beneficio político».

«Es el alcalde el que quiere que sean los vecinos el ....».

«Dije que .... los impuestos y los estoy ....».

«Es que no es lo mismo que gobierne uno que que gobierne otro, no es lo mismo; dicho de otra forma, es muy ....».

«Una cosa es ser solidario y otra cosa es serlo a .... de nada».

«Me gustan los catalanes porque hacen ....».

«A veces lo mejor es no tomar decisiones, y eso en sí es una ....».

«Los españoles son .... españoles y .... españoles».

«Somos .... y tenemos seres humanos».

«*It's very difficult* todo ....».

«Fin de la ....».

ADIVINA LA IDEOLOGÍA
DE ESTOS BIGOTES

Solo hay algo en esta vida que represente mejor tu ideología que tus actos y palabras, y es el bigote. Un buen mostacho dirá más de tu inclinación política que cualquier otra cosa. Escribe debajo de los siguientes bigotes la ideología que representan y no dejes que nadie te vuelva a engañar sobre sus ideales.

NOSTALGICO
MARXISTA
NIHILISTA
NARCISISTA
EEEEEEEOOOO EEEEEEOOOOOOOOO
FEMINISTA
DE EXTREMO CENTRO
SOCIALISTA
DE DERECHA MODERADA
COMUNISTA

RELACIONA A CADA LÍDER
DE LA ULTRADERECHA CON SU PELO

¡Oh, no! Estos líderes de la ultraderecha han perdido su pelo.
Ayúdalos a recuperarlo escribiendo debajo de los peinados el nombre de su legítimo dueño.

JAVIER MILEI
DONALD TRUMP
BORIS JOHNSON
GEERT WILDERS
JAROSLAW KACZYNSKI
ISABEL DÍAZ AYUSO
GIORGIA MELONI
MARINE LE PEN
NAYIB BUKELE
BJÖRN HÖCKE

1.

2.

....

3.

4.

....

....

....

5.

6.

7.

....

....

....

10.

8.

9.

....

....

....

CREA TU PROPIA TEORÍA CONSPIRANOICA

¿A quién no le gustaría poder inventarse su propia teoría conspiranoica? ¿Serás tú el creador del nuevo terraplanismo? Vivimos en una era en que la gente se cree cualquier tontería, así que hay que aprovecharlo y pergeñar cuanto antes las teorías más locas. Une las frases de las tres columnas e inaugura una nueva conspiración. No te preocupes si algunas no tienen sentido; si lo piensas bien, ninguna buena conspiración lo tiene.

El agua	se desarrolló en un laboratorio	para que la gente vote al PSOE.
La mujer	es algo que no existe realmente	pero las élites la/lo utilizan para sacrificar bebés.
La Tierra	lo tengo metido en el culo	que me lo dijo Iker Jiménez.
Dios	no es más que un resfriado	y se utiliza para controlar la mente de los sagitario.
Elon Musk	es una excusa para vacunarte	y así es como controlan el mundo.
El cambio climático	en realidad es un extraterrestre	pero interesa que la gente no lo sepa para vender Coca-Cola.
El chocolate	ya existía hace millones de años en la antigua Roma	pero te dicen lo contrario porque te ven cara de idiota.
La caca	se encontró en el Polo Norte junto a los dragones y reptiles	para que Rosa López ganase *Operación Triunfo*.
El covid	jamás estuvo en la Luna	si no fuera por el Club Bilderberg y los Illuminati.
España	podría ser un alimento perfectamente saludable	que lo vi yo en las redes.

1) ....

2) ....

3) ....

4) ....

5) ....

6) ....

7) ....

8) ....

9) ....

10) ....

AYUDA AL *RIDER* DE GLOVO
A LLEGAR A LA SEDE DE LA UGT

Si has comprado este cuaderno, asumimos que eres alguien con una ideología progresista moldeada por *El País* y la Cadena SER y que, por tanto, estás a priori a favor de la clase obrera y de los derechos laborales. Pues ahora tendrás que demostrarlo. Completa este laberinto y ayuda al *rider* de Glovo a llegar a su destino, que no es otro que la sede del sindicato UGT.

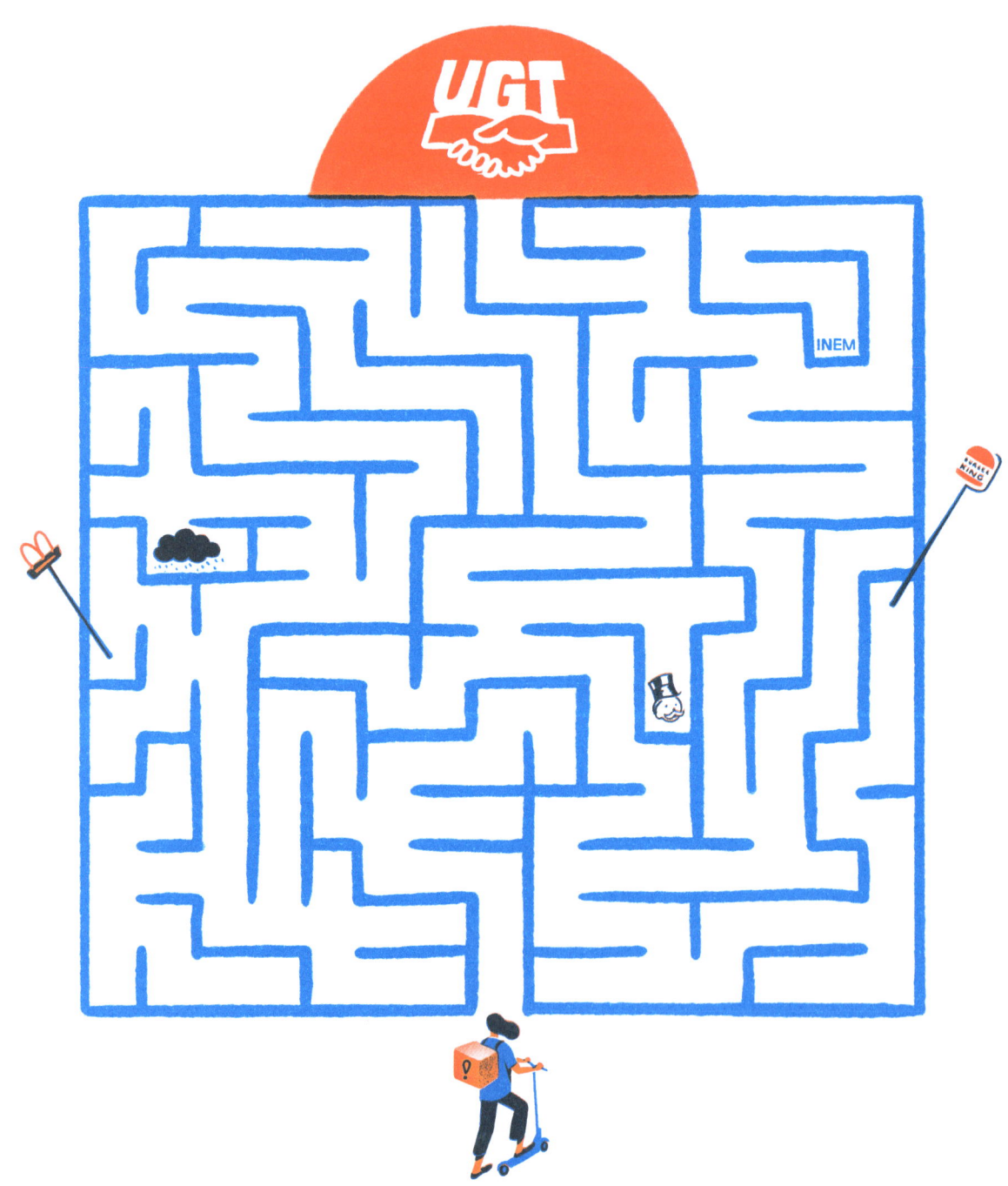

PALABRAS QUE, DESGRACIADAMENTE, HOY EN DÍA YA NO SE PUEDEN DECIR

La dictadura de lo políticamente correcto se ha cebado con especial saña con la lengua española; de hecho, hay palabras que los más jóvenes ni siquiera conocen. ¿Y tú?
Intenta encontrar en esta sopa de letras palabras que en la actualidad ya no se podrían decir.

S	U	B	N	O	R	M	A	L	R	U	I	L	O	M	N
A	B	F	K	M	N	E	R	M	A	R	H	B	L	Q	X
E	I	O	Y	U	I	L	N	E	G	R	A	T	A	B	V
N	I	G	G	E	R	M	A	R	O	L	A	D	A	L	M
N	O	T	R	A	V	E	L	O	K	O	L	O	E	M	O
A	P	L	I	M	Q	N	C	N	T	J	A	U	N	M	G
A	E	H	D	I	S	C	A	P	A	C	I	T	A	D	O
T	R	E	L	T	R	A	L	M	A	L	Z	X	N	A	R
X	R	M	A	K	U	Q	V	L	E	X	M	L	O	J	D
K	O	M	M	A	L	F	O	L	L	A	D	A	E	R	O
M	A	L	L	I	S	A	L	L	R	I	G	H	D	C	A
O	M	R	E	T	R	A	S	A	D	O	O	R	A	L	A
R	G	E	R	R	O	N	A	M	F	A	C	H	A	V	O
O	P	I	C	H	A	C	O	R	T	A	X	P	U	A	E
T	E	P	Ñ	A	N	A	M	A	R	I	C	O	N	E	U

Número de palabras: 15

EL CRUCIGRAMA DE LAS TRAMAS DE CORRUPCIÓN ESPAÑOLAS

Si de algo vamos sobrados en España es de casos de corrupción.
Tenemos cientos y cada año aparecen más, pero ¿cuánto sabes de cajas b, recalificaciones ilegales, cohechos o mordidas? Resuelve el siguiente crucigrama con casos de corrupción y demuestra que eres un experto en delincuencia institucional.

1 horizontal)
Salida a bolsa de una entidad bancaria de manera fraudulenta.

1 vertical)
Pago de sobresueldos en dinero negro por parte del tesorero del PP a los altos cargos del partido.

3)
Trama en torno al Ayuntamiento de Marbella para lucrarse de fondos públicos, basada en la buena relación que mantenían Julián Muñoz y José María del Nido, que se sirvieron para ello de las sociedades municipales.

4)
Amaño de contratos entre la Generalitat valenciana y la trama Gürtel para la feria de turismo FITUR en las cinco ediciones celebradas desde 2005 hasta 2009.

5)
La mayor trama de corrupción de España en tiempos de la democracia.

6)
Financiación ilegal del PSOE a través de las empresas tapadera Filesa, Malesa y Time-Export, que cobraron importantes cantidades de dinero en concepto de estudios de asesoramiento para bancos y empresas de primera línea que nunca llegaron a realizarse.

7)
Trama de corrupción que, encabezada por Francisco Granados, consejero de la presidenta de la Comunidad de Madrid, Esperanza Aguirre, en dos años adjudicó servicios públicos por valor de 250 millones de euros.

8)
Malversación, fraude, prevaricación, falsedad y blanqueo de capitales por parte de Iñaki Urdangarin y su socio, Diego Torres.

9)
Corrupción urbanística, cohecho, malversación de caudales públicos, prevaricación y tráfico de influencias con Marbella como epicentro.

10)
Compra de sociedades por parte de dicha empresa pública madrileña y posible cobro de mordidas en la gestión del Canal de Isabel II.

11)
Inclusión por parte del PSOE como prejubilados, en los expedientes de regulación de empleo de una serie de empresas beneficiarias del fondo, de personas que no habían mantenido ninguna relación laboral con dichas empresas.

12)
Delitos de administración desleal, insolvencia punible y alzamiento de bienes en la quiebra del fallido proyecto automovilístico vasco Epsilon, que, auspiciado por el PNV, aspiraba a competir en la Fórmula 1.

13)
Cobro de comisiones ilegales, de alrededor del 3 por ciento del presupuesto, en las obras públicas adjudicadas por la Generalitat de Cataluña, en manos de Convergència i Unió.

14)
Proyecto faraónico de almacenamiento de gas liderado por la empresa ACS de Florentino Pérez, ejecutado gracias a la complicidad de los gobiernos del PSOE y PP.

15)
Adjudicación y ejecución irregular de una veintena de obras hidráulicas y medioambientales en la cuenca del Mediterráneo por parte del Partido Popular.

IDENTIFICA AL NAZI

Distinguir a un nazi es algo cada vez más difícil.
A simple vista, diferenciar a uno de ellos de, por ejemplo, un voluntario que se desvive por ayudar en una tragedia es prácticamente imposible. Para resolver esta actividad deberás estar muy despierto. En cada una de las siguientes series de imágenes hay un nazi, ¿serías capaz de identificarlo?

1)

a)

b)

c)

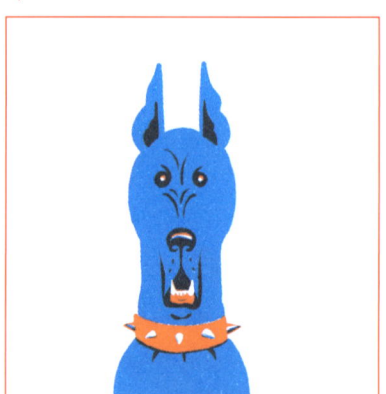

2)

a)

b)

c)

3)

a)

b)

c)

4)

a)

b)

c)

5)

a)

b)

c)

UNE LA ONG CON LA EXCUSA
PARA NO COLABORAR CON ELLA

Ya sea a través de los carpeteros de la calle, los teleoperadores que te llaman al móvil o incluso los comerciales que se presentan en tu casa, las ONG están muy pesadas con lo de conseguir nuevos socios. Hay que tener cuidado, porque si te pillan desprevenido puedes acabar dándote de alta y gastándote cientos de euros al año en ayudar a vete a saber qué causa.
En esta actividad, pondremos a prueba tu habilidad para negarte a ayudar a los más necesitados. Relaciona cada ONG con la excusa perfecta para no colaborar con ella.

Cruz Roja →

Médicos Sin Fronteras →

Acnur →

Oxfam Intermón →

Unicef →

Asociación Española contra el Cáncer →

Cáritas →

Save The Children →

Manos Unidas →

Acción contra el Hambre →

• Perdona, tengo prisa. Además, ni sé inglés ni me gustan los niños.

• Existís desde 1942 y el mundo sigue lleno de pobreza. Lo siento, pero prefiero colaborar con una ONG más competente.

• Soy del Real Madrid, no pienso daros ni un céntimo.

• He estado en el Vaticano, yo debería estar pidiéndoos dinero a vosotros y no al revés.

• Así es como se propagan las pandemias, prefiero mantenerme al margen.

• Sangre no puedo, pero si necesitáis donantes de semen vengo cargadito.

• ¿Habéis probado las palmeras de chocolate? Nada sacia más que eso.

• Mi psicóloga me ha dicho que tengo que aprender a marcar límites, así que no creo que pueda colaborar con una ONG como la vuestra.

• De acuerdo, en cuanto dejéis de blanquear el genocidio os juro que os dono algo.

• Lo siento, pero no me gustan los enfrentamientos, creo que hay que entender a todas las partes.

TEST: CULTURA POLÍTICA

Ahora que has llegado al final de esta sección, es el momento de poner
a prueba todo lo que has aprendido. Cada una de estas preguntas vale un punto
y solo una de las cuatro opciones es la correcta. ¡Adelante!

1) ¿Cuál de las siguientes personas es el actual presidente de España?
   a) Patricia Botín
   b) Felipe VI
   c) Pedro Sánchez
   d) Alberto Núñez Feijóo

2) ¿Cuántas vidas ha salvado Amancio Ortega donando máquinas contra el cáncer a los hospitales en lugar de pagar impuestos?
   a) 47.000.000
   b) 0
   c) 17
   d) 254.883

3) ¿Quién es Juan Carlos I?
   a) El legítimo rey de España.
   b) Un borracho putero.
   c) Un delincuente.
   d) El salvador de la democracia española.

4) ¿Qué es el calentamiento global?
   a) El aumento a largo plazo de la temperatura atmosférica media del sistema climático de la Tierra debido a la intensificación del efecto invernadero.
   b) Un invento de los progres para crear un nuevo orden mundial.
   c) Lo que mató a los dinosaurios.
   d) La canción del verano del año 1997.

5) Completa la siguiente frase: «El responsable del atentado del 11M fue…
   a) un grupo yihadista».
   b) la ETA».
   c) el Gobierno de Francia para debilitar a España».
   d) José Luis Rodríguez Zapatero».

6) ¿Cuál de estos números de teléfono pertenece a Esperanza Aguirre?
   a) 931168383
   b) 688959876
   c) 19361975
   d) 666666666

7) ¿Cuántas veces dijo «*una merda*» Juan Roig en el vídeo en el que sale gritando como un loco en el Mercadona?
   a) Ninguna
   b) 2
   c) 7
   d) 12

8) ¿Sabe usted lo que quiero?
   a) ¡Que no se blanquee el fascismo en un programa de *prime time*!
   b) ¡Que no adoctrinen a mi madre con la excusa de entretenerla!
   c) ¡Que no se acose a mujeres en la televisión!
   d) ¡La tarjeta de *El hormiguero*!

9) ¿Piedra, papel o tijera?
   a) Piedra
   b) Papel
   c) Tijera
   d) Ninguna de las anteriores

10) ¿Cuántos ministerios tiene el Gobierno de España?
   a) 57
   b) 22
   c) 3
   d) 19

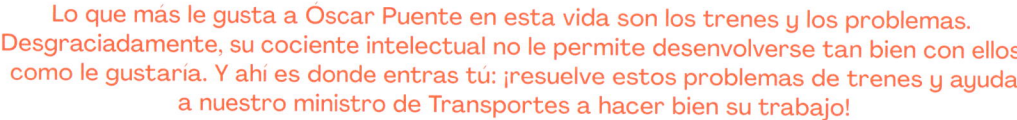

AYUDA A ÓSCAR PUENTE
A HALLAR LA RESPUESTA

Lo que más le gusta a Óscar Puente en esta vida son los trenes y los problemas. Desgraciadamente, su cociente intelectual no le permite desenvolverse tan bien con ellos como le gustaría. Y ahí es donde entras tú: ¡resuelve estos problemas de trenes y ayuda a nuestro ministro de Transportes a hacer bien su trabajo!

Óscar Puente se sube a un AVE de Renfe en dirección a Barcelona que está programado que salga de la estación de Atocha, en Madrid, a las 19.55 a una velocidad de 252 km/h. A las 18.45 salió un Ouigo hacia Madrid desde la estación de Sants, en Barcelona, a una velocidad de 239 km/h. Teniendo en cuenta que las ciudades están a 626 kilómetros de distancia, ¿a qué hora se cruzarán los dos trenes?

Óscar Puente está en la barra del bar de un AVE en dirección a Sevilla que salió de la estación de Chamartín, en Madrid, a las 15.27. El tren circula a una velocidad constante de 259 km/h. Durante el trayecto, el ministro de Transportes se pide cuatro cervezas, dos vinos tintos, un carajillo de Baileys, dos gin-tonics y tres chupitos de Jägermeister. Cada cerveza vale 4,50 €; una copa de vino, 5,70 €; un carajillo, 3,25 €; un gin-tonic, 11,90 €, y un chupito, 3,90 €. ¿Cuánto dinero exactamente se han gastado en el AVE el conjunto de los españoles?

Óscar Puente viaja en primera clase en un tren de alta velocidad que cubre el trayecto entre Barcelona y Valencia. Mientras duerme en su butaca, una familia con niños empieza a hacer mucho ruido y a molestar al ministro. Al despertarse, insulta cuatro veces al padre, cinco veces a la madre, dos veces a la abuela y cuatro veces a cada uno de los tres hijos. ¿Cuántas veces los ha insultado Óscar Puente en total?

Una familia extremeña se sube en Mérida al AVE en dirección a Madrid a las 7.30 de la mañana. El tren viaja a 299 km/h y la distancia que separa las dos ciudades es de 474 kilómetros. Se realizan cinco paradas, de siete minutos cada una. ¿A qué hora llegará la familia extremeña a la capital de España?

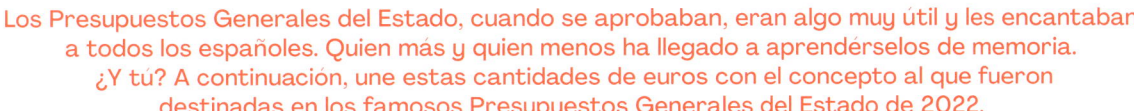

COMPLETA LOS PRESUPUESTOS GENERALES DEL ESTADO

Los Presupuestos Generales del Estado, cuando se aprobaban, eran algo muy útil y les encantaban a todos los españoles. Quien más y quien menos ha llegado a aprendérselos de memoria. ¿Y tú? A continuación, une estas cantidades de euros con el concepto al que fueron destinadas en los famosos Presupuestos Generales del Estado de 2022.

171.000 millones →	• Toros
1.500 millones →	• Los de la ceja
5.000 millones →	• Educación
14 millones →	• Pensiones
65.000 euros →	• Cocaína para los diputados
8,4 millones →	• Broncano
7,6 millones →	• Suscripción de Pedro Sánchez a *El País*
800 millones →	• Cultura
144 euros →	• Falcon
24 millones →	• Casa Real

ADIVINA EL NÚMERO
EN EL QUE ESTAMOS PENSANDO

A continuación, tienes que adivinar el número, comprendido
entre el 1 y el 1.000, en el que estamos pensando.

SOPA DE NÚMEROS

Si has comprado este cuaderno, es muy probable que no te interese nada el dinero; de hecho, tu desapego hacia él nos resulta preocupante. Creemos que no te resultará nada sencillo, pero trata de encontrar las fortunas de estos millonarios de la lista Forbes en la siguiente sopa de números.

3	2	1	2	4	6	8	9	0	1	7	9	0	9	8
6	8	9	8	9	8	0	0	0	0	0	0	0	0	9
7	1	3	0	4	0	0	0	0	0	0	0	0	1	5
6	7	1	4	9	9	0	0	0	0	0	0	0	0	1
1	3	7	2	0	0	0	0	0	0	0	0	6	7	7
1	2	1	3	1	4	0	0	0	0	0	0	0	0	8
2	9	1	7	4	7	0	0	0	0	0	0	0	0	9
5	8	1	9	7	0	0	0	0	0	0	0	0	0	2
5	1	1	8	9	7	0	0	0	0	0	0	0	0	5
6	2	8	0	6	4	0	8	8	2	7	5	3	0	7
7	1	3	6	1	0	0	0	0	0	0	0	0	7	6
1	2	2	4	3	7	0	0	0	0	0	0	0	0	8
7	8	1	2	2	5	0	0	0	0	0	0	0	0	4
1	8	0	5	0	0	0	0	0	0	0	0	3	4	8
8	9	7	5	3	0	1	9	2	9	0	8	3	2	2

Javi Ramos: 517 €
Kike García: 9.290 €
Xavi Puig: 12.556 €
Françoise Bettencourt Meyers: _ _ _ . _ _ _ . 000.000 €
Amancio Ortega: _ _ _ . _ _ _ . 000.000 €
Steve Ballmer: _ _ _ . _ _ _ . 000.000 €
Sergey Brin: _ _ _ . _ _ _ . 000.000 €
Larry Page: _ _ _ . _ _ _ . 000.000 €

Bill Gates: _ _ _ . _ _ _ . 000.000 $
Warren Buffett: _ _ _ . _ _ _ . 000.000 $
Larry Ellison: _ _ _ . _ _ _ . 000.000 $
Bernard Arnault: _ _ _ . _ _ _ . 000.000 $
Jeff Bezos: _ _ _ . _ _ _ . 000.000 $
Mark Zuckerberg: _ _ _ . _ _ _ . 000.000 $
Elon Musk: _ _ _ . _ _ _ .000.000 $

¿HAY PAN PARA TANTO CHORIZO?

Desde hace muchos años se considera que, en España, no hay pan para tanto chorizo.
Aunque está muy extendida, se desconoce si esta afirmación es realmente correcta.
En El Mundo Today pensamos que ha llegado el momento de despejar la duda.
Resuelve el siguiente problema y confirma de una vez por todas si hay o no pan para tanto chorizo.

España cuenta con 48 millones de habitantes, y el 19 por ciento de ellos tiene una barra de pan con la que se pueden hacer dos bocadillos y medio de chorizo. Por otra parte, el 49 por ciento de los españoles son unos chorizos. Teniendo en cuenta los datos anteriores, calcula si hay suficiente pan para tanto chorizo.

ENCUENTRA LA DIFERENCIA

A simple vista, las dos imágenes siguientes podrían parecer iguales
(dos naranjas en distintos formatos), pero la realidad es que ambas esconden
una diferencia muy llamativa. ¿Sabrías encontrarla?

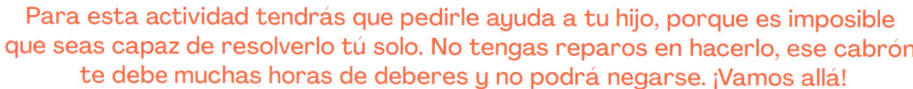

PROBLEMA MATEMÁTICO
DEMASIADO DIFÍCIL PARA TI

Para esta actividad tendrás que pedirle ayuda a tu hijo, porque es imposible
que seas capaz de resolverlo tú solo. No tengas reparos en hacerlo, ese cabrón
te debe muchas horas de deberes y no podrá negarse. ¡Vamos allá!

Sin usar la calculadora, resuelve estas operaciones,
dando el resultado en notación científica con tres
cifras significativas.

$$\frac{8 \times 10^2 - 3 \times 10^4 + 7 \times 10^3}{2,3 \times 10^{-2} + 4,52 \times 10^{-3}}$$

SUDOKUS PARA GENTE DE LETRAS

El sudoku es un pasatiempo del que millones de personas de letras de todo el mundo no pueden disfrutar. Si eres una de ellas, estás de enhorabuena porque hemos preparado tres sudokus para ti.

1)

			CINCO	OCHO			SEIS	DOS
SEIS	NUEVE	DOS	CUATRO			TRES		OCHO
SIETE	CINCO	OCHO	DOS	SEIS				NUEVE
	DOS	TRES	SEIS				UNO	
UNO		SIETE		NUEVE		DOS	TRES	CINCO
CINCO		CUATRO		DOS	UNO	NUEVE	SIETE	
			SIETE	OCHO	SEIS	CINCO	DOS	
	SIETE		UNO				NUEVE	TRES
	UNO	SEIS	CINCO	TRES		CUATRO		SIETE

2)

CUATRO			CINCO	OCHO				
SEIS		DOS	CUATRO					OCHO
	CINCO	OCHO	DOS				CUATRO	
NUEVE				SIETE		OCHO	UNO	
	SEIS			NUEVE	CUATRO	DOS	TRES	
		CUATRO	TRES		UNO	NUEVE		
	CUATRO		SIETE					UNO
		CINCO		CUATRO	DOS		NUEVE	TRES
	UNO	SEIS	CINCO	TRES			OCHO	

3)

CUATRO	TRES			CINCO				DOS
SEIS								
		CINCO		DOS		TRES		CUATRO
				SIETE	CINCO	OCHO	UNO	
			OCHO		CUATRO	DOS		CINCO
CINCO	OCHO							
			SIETE		SEIS		DOS	
	SIETE		UNO			SEIS		TRES
DOS		SEIS		TRES		CUATRO		

AYUDA A NUESTRO GESTOR A HACERNOS LA DECLARACIÓN DE LA RENTA

En El Mundo Today somos gente de letras, y todos los años se nos atraganta bastante el momento de hacer la declaración de la renta. Desde hace un tiempo tenemos a Juanjo, nuestro gestor, pero con tanto lío de cifras él tampoco se aclara, así que, por favor, si pudieras ayudarle con el ejercicio de 2024 te lo agradeceríamos mucho.

Para empezar, te dejamos nuestro NIF: E86794591, para que puedas acceder en Renta 2024 a las «Gestiones destacadas» del «Servicio de tramitación borrador/declaración (RENTA WEB)».

Tras identificarte usando la clave móvil o el DNI electrónico, selecciona en el tipo de actuación, como representante de El Mundo Today.

Una vez en nuestro expediente, accede a la opción «Borrador/declaración (Renta WEB)» del apartado «Servicios disponibles».

Verás que nuestros rendimientos de trabajo del ejercicio 2024 son:

- 77.947 € por suscripciones.
- 150.000 € por la Cadena SER.
- 28.500 € por publicidad.
- 50.000 € en concepto de «paguita del perro».

Nuestros gastos de personal son los siguientes:

- 60.000 € anuales en concepto de sueldo del redactor Javi Ramos, que se puede desgravar aplicando la ley de integración laboral de las personas con capacidades diferentes.
- 5.000 € anuales a la redactora Paula Púa por cinco titulares anuales.
- 250 € a Pilar de Francisco por su newsletter.
- 1,50 € a Bárbara Alpuente por sus noticias sobre maternidad.
- 0 € a Juanjo Ramírez por rellenarnos semanalmente *La ventana* de la Cadena SER.

Otros gastos incluyen:

- Un fular de escritor de Xavi: 119,99 €.
- 1.500 pañales para Kike: 360 €.
- Suscripción al banco de imágenes iStock: 15.000 €.
- Palmeras de chocolate: 2.957 €.
- Netflix: 118 €.
- Inversión en criptos: 30.000 €.

Nuestra información catastral es la siguiente:

- Dos locales en el centro de Barcelona, valorados en 650.000 €, en concepto de «Librería La Llama».
- Un piso en el centro de Barcelona en concepto de «casa de Kike» valorado en 300.000 €.
- Un palacete en la zona alta de Madrid en concepto de «casa de Xavi» valorado en 1.900.000 €.
- Una habitación en las afueras de Barcelona en concepto de «cuartucho de Javi» valorado en 150.000 €.

Con todos nuestros datos, simplemente presenta la declaración a la Agencia Tributaria y envíanos una copia del borrador al siguiente correo electrónico: dinero@elmundotoday.com.

EL VERANO TODAY   MATEMÁTICAS

CALCULA EL PRECIO
QUE DEBERÍA TENER ESTE LIBRO

Poner precio a las cosas es algo que en El Mundo Today no se nos da nada bien.
Es cierto que tú ya has pagado un precio por este libro, pero tal vez esa cantidad no esté bien calculada, que te hayamos timado o que tú nos hayas timado a nosotros. Con los datos que te vamos a facilitar, tendrás que calcular el precio justo que debería tener este libro.

Penguin Random House Grupo Editorial ha invertido 30.000 € en total para la creación de este cuaderno de actividades. De ellos, 22.000 € se han destinado a la impresión, el papel, el diseño y la promoción. Los 8.000 € restantes han sido repartidos de la siguiente manera: 3.000 € para Javi, que es el que lo ha escrito, 2.000 € para El Mundo Today y 3.000 € para la persona encargada de hacer las ilustraciones.

Teniendo en cuenta que se imprimirán 6.000 ejemplares y que las distribuidoras se quedan con el 50 por ciento del precio de cada ejemplar, ¿cuánto debería valer el libro que estás leyendo?

TEST:
¿QUÉ SÍMBOLO MATEMÁTICO ERES?

Has llegado al final de esta sección y eso significa que has aprendido mucho de números, pero aún no es suficiente. Lo importante en esta vida es conocerse a uno mismo, y para ello también son muy útiles las matemáticas. A continuación, responde las siguientes preguntas y descubre qué símbolo matemático eres.

1) **¿Te resulta fácil hacer amigos nuevos?**

    a) Cada vez más.
    b) Cada vez menos.
    c) Mis amigos se multiplican por momentos.
    d) Mi grupo de amigos se ha ido dividiendo hasta quedarme yo solo.

2) **¿Podrías pasarte días aprendiendo sobre cosas aleatorias que te interesan?**

    a) Solo si salen en la plataforma Max.
    b) Yo solo aprendo sobre restas.
    c) Me gusta aprender sobre múltiples cosas.
    d) Necesitaría dividir mejor mi tiempo para eso.

3) **Cuando los demás se enfadan, ¿tú también te enfadas?**

    a) Más que ellos.
    b) Menos que ellos.
    c) Multiplico su enfado.
    d) Divido su enfado.

4) **¿Mantienes la calma y la serenidad incluso cuando estás sometido a mucho estrés?**

    a) Me encantan tus preguntas, ¿me puedes hacer más?
    b) Pensaba que este test tendría menos preguntas.
    c) Tus preguntas se multiplican.
    d) ¿Te importa si divido mi respuesta en otras más pequeñas?

5) **¿Cuál de estos símbolos te gusta más?**

    a) +
    b) −
    c) ×
    d) ÷

COLOREA EL MAPA

La democracia es un bien común muy valioso del que debemos disfrutar lo máximo posible porque se está acabando. El año pasado se celebraron en Estados Unidos las elecciones más importantes de los últimos tiempos, pero ¿cuánto sabes de ellas? A continuación, colorea de rojo (republicanos) o azul (demócratas) los estados del mapa de este país para que su resultado se corresponda al de las elecciones presidenciales de 2024. (También puedes aprovechar para colorearlos como quieras y obtener el resultado electoral que más te convenga).

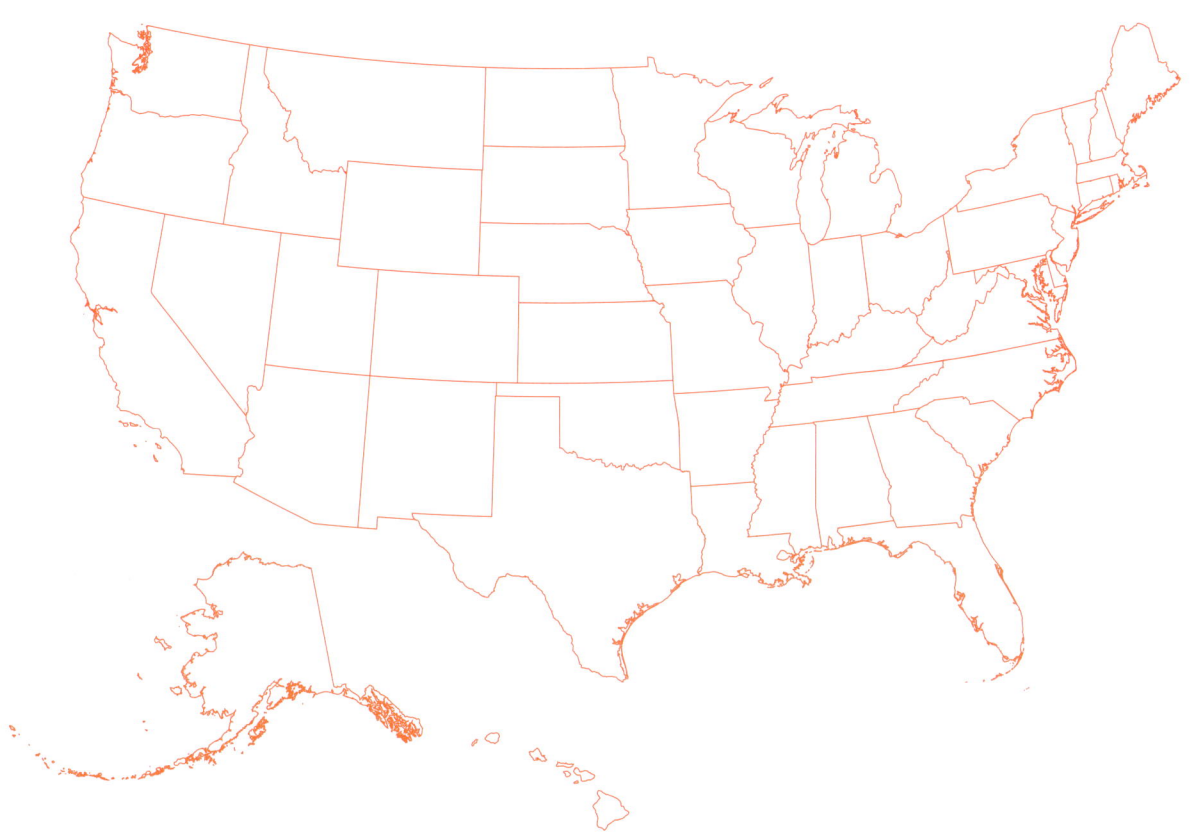

COMPLETA ESTOS CHISTES
REGIONALES CON UN GENTILICIO

En España somos unos cachondos. Solo hay que ver a Los Morancos,
a Joaquín el del Betis o a Andrés Iniesta. Lo que más gracia nos hace con diferencia es reírnos
de los demás. En eso no nos gana nadie. Para demostrar tus conocimientos geográficos y también
humorísticos, completa los siguientes titulares de El Mundo Today con el gentilicio que falta.

1) «Los ...., sorprendidos al descubrir que *La sociedad de la nieve* no va de ellos».

2) «Se arranca un riñón porque el donante era ....».

3) «Descubre a los 20 años que era ...., pero sus padres se lo ocultaban».

4) «Un terremoto de 6,3 grados despierta a cientos de ....».

5) «Operan a un ....con anestesia».

6) «Un ....bloquea los servidores de WhatsApp
con notas de audio de más de 30 horas».

7) «Repsol despide a un empleado ....que escanciaba
la gasolina a sus clientes».

8) «Cientos de ....han llegado tarde
al atasco de esta mañana».

9) «Dos ....queman la Sagrada Familia
creyendo que era una falla».

10) «Demuestran que los ....son todos familia».

11) «Un adolescente ....intenta suicidarse
saltando a las vías del tren y, ya maduro, desiste tras haber
reflexionado y encontrarle un sentido a la vida».

12) «Viendo cómo está el mundo, los ....rectifican
y admiten que no existen».

DESCUBRE CUÁLES DE ESTOS PARAÍSOS FISCALES NO SON REALES

Los paraísos fiscales son los destinos turísticos número uno del mundo.
El dinero es lo más importante que tenemos, y es primordial tenerlo donde se sienta cómodo y feliz. Por desgracia, mucha gente sin conocimientos de geografía sabe muy poco de estos destinos. Demuestra que tú sí que sabes y distingue, entre los siguientes nombres de paraísos fiscales, los cinco que no son reales.

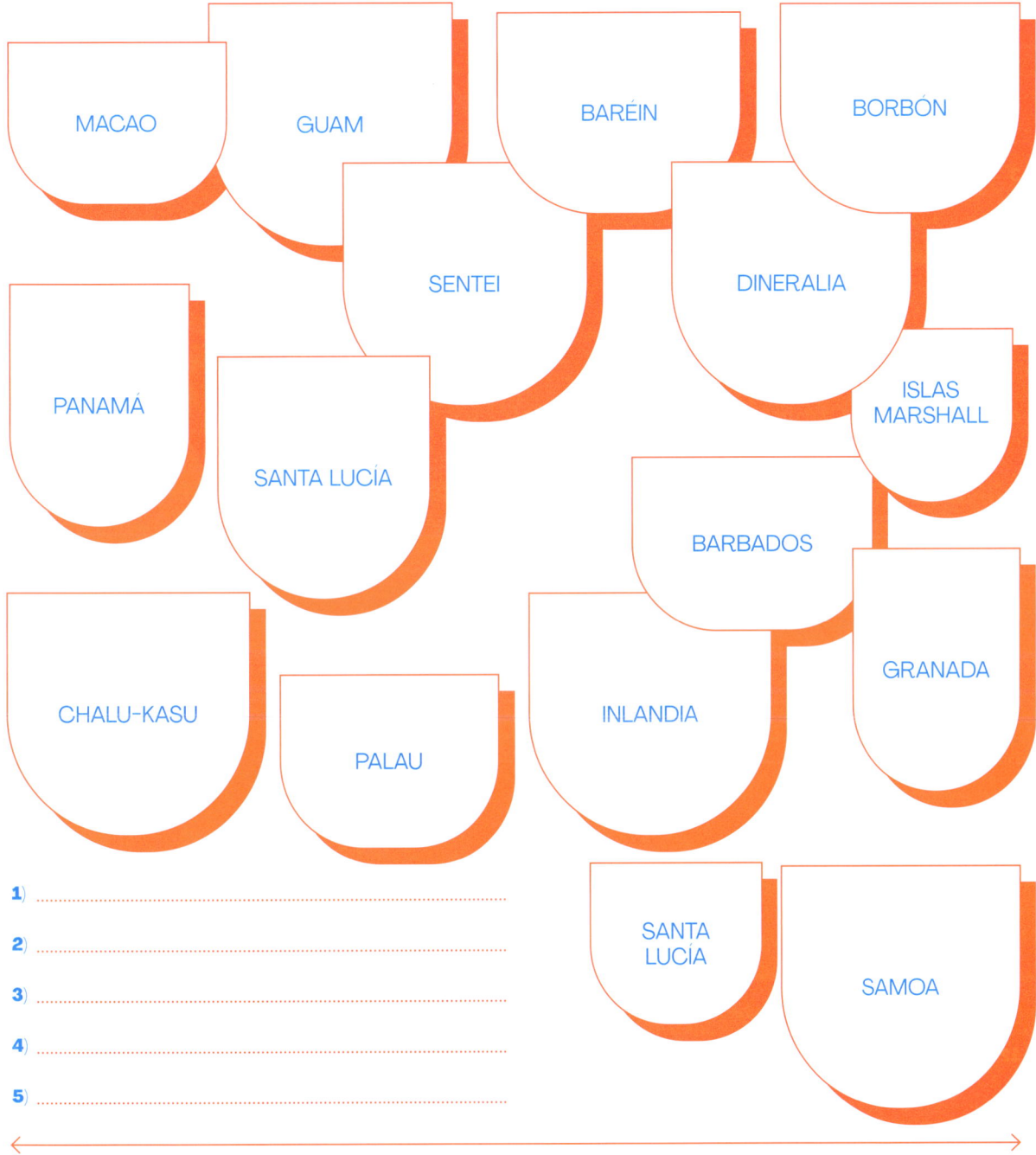

MACAO

GUAM

BARÉIN

BORBÓN

SENTEI

DINERALIA

PANAMÁ

SANTA LUCÍA

ISLAS MARSHALL

BARBADOS

CHALU-KASU

PALAU

INLANDIA

GRANADA

SANTA LUCÍA

SAMOA

1) ....
2) ....
3) ....
4) ....
5) ....

UNE LAS EXPRESIONES CON SU COMUNIDAD AUTÓNOMA

España es un país que no te lo acabas. Y lo mejor que tiene es que está lleno de españoles.
Vayas adonde vayas, salvo en alguna esquina, todos los habitantes lo son.
Cada región tiene su idiosincrasia, sus costumbres, su duende, pero ¿cuánto sabes de ellas?
Une las expresiones típicas de la primera columna con la comunidad autónoma de la segunda
y demuestra que lo sabes todo acerca de España.

«Al pan, pan, y a la cocaína, cocaína». →   • Andalucía

«Cuando el mundo veas acabar,
corre a la terraza de un bar». →   • Illes Balears

«Eso no lo he pedido, ¿lo tengo que pagar?». →   • Castilla-La Mancha

«De la siesta a la cama y de la cama
a la siesta, eso sí que es una fiesta». →   • Euskadi

«De cuarto, de quinto y de sexto
platos, ¿qué tenéis?». →   • Castilla y León

«Como sueltes ahí ese chorizo
me veré obligado a matarte». →   • Galicia

«Eeeeeeeeeecooooooooo». →   • Canarias

«Hallo, wie geht es dir?». →   • Cataluña

«Cuando la hora me quieras contar,
a mí no me hagas restar». →   • Comunidad Valenciana

«¿Zaragozano? ¡Me la agarras con la mano!». →   • Comunidad de Madrid

AYUDA A PEDRO SÁNCHEZ A LLEGAR
AL FESTIVAL DE BENICÀSSIM CON SU FALCON

Tenemos una importante crisis en el Gobierno: el Festival de Benicàssim está a punto de empezar y Pedro Sánchez todavía sigue en Madrid. Para que no se pierda ni uno solo de los conciertos, ayúdale a coger su Falcon y llévalo al recinto del festival lo antes posible, pero con cuidado de no toparte con Eduardo Inda, Greta Thunberg o los misiles españoles que lanza Israel.

EL REY EMÉRITO POR EL MUNDO

Si alguien en España sabe de geografía, ese es el rey emérito. Juan Carlos I
ha viajado por todo el mundo, y es difícil encontrar un país en el que no haya delinquido.
En esta actividad tendrás que demostrar tus conocimientos de geografía, y también de corrupción,
señalando el lugar correcto en que el rey Juan Carlos hizo cada cosa.

1) Romperse la cadera
matando a un elefante.

a) Namibia
b) Zimbabue
c) Mozambique
d) Botsuana

2) Revender por 100 millones de euros
el piso que le regaló el sultán de Omán.

a) Madrid
b) París
c) Soria
d) Londres

3) Regalar 65 millones
de euros a Corinna Larsen.

a) Suecia
b) Panamá
c) Suiza
d) Colombia

4) Exiliarse después de que salieran a la luz
todos sus delitos.

a) Dubái
b) Abu Dabi
c) Baréin
d) Arabia Saudí

5) Robarle documentos a Corinna Larsen
que pudiesen comprometer más su imagen.

a) Mónaco
b) Andorra
c) Luxemburgo
d) Ciudad del Vaticano

6) Matar a su hermano pequeño.

a) España
b) Francia
c) Portugal
d) Italia

7) Salvar la democracia.

a) España
b) Cuba
c) Venezuela
d) Suiza

DEMUESTRA QUE ERES
UN ESPAÑOL DE BIEN

Mucha gente se llena la boca proclamando lo española que es; incluso critican la inmigración
y cuelgan con orgullo patrio una bandera rojigualda en el balcón. Bueno, pues si a ti también
te gusta España y quieres seguir siendo español, demuéstranoslo y escribe el nombre
de las cincuenta provincias y de las dos ciudades autónomas en el siguiente mapa.
Si fallas una, te quitaremos la nacionalidad.

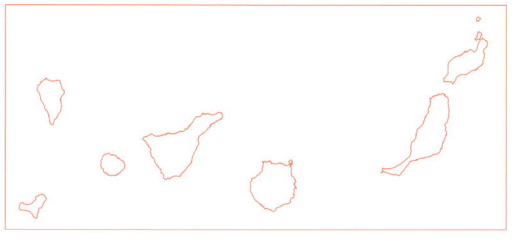

UNE LA RECETA CON SU COMUNIDAD AUTÓNOMA

Tanta actividad da hambre, ¿verdad? Pues prepárate porque a continuación se te va a hacer la boca agua. Ha llegado el momento de hablar de cocina. En la primera columna hemos escrito varios platos típicos de nuestro país y, en la otra, nombres de comunidades autónomas. Bueno, pues eso, tampoco creemos que haya que ser un genio para entender qué te estamos pidiendo.

Lacón con grelos y chapapote →	• Castilla y León
Crema con DNI español →	• Andalucía
Cerveza con aceitunas, patatas de bolsa y cocaína →	• La Rioja
Bellotas →	• Comunidad Valenciana
Frutas exprimidas →	• Navarra
Queso con queso acompañado con queso y guarnición de queso →	• Cataluña
Migas aún no barridas →	• Galicia
León a la plancha →	• Extremadura
Bufet libre →	• Canarias
Toro con diario del día anterior →	• Asturias
Vino →	• Illes Balears
Piedras fritas con tierra hervida →	• Aragón
Happy Meal con Whopper →	• Comunidad de Madrid
«Ininteligible» →	• Euskadi
Pastillas de éxtasis →	• Región de Murcia
Kilos de carne empanada →	• Castilla-La Mancha
Una anchoa de diez kilos →	• Cantabria

PAÍSES QUE DEBERÍAN FORMAR
PARTE DE ESPAÑA

España no solo es el país más poderoso del mundo hoy en día, sino que llegó a serlo hace cinco siglos. Desgraciadamente, muchas naciones cometieron el error de independizarse de España, algo que las condenó a la miseria y al ostracismo. En esta divertida sopa de letras deberás encontrar los nombres de los países que tendrían que formar parte de España.
(Te advertimos de que son más de doscientos).

A	T	A	R	G	I	B	R	A	L	T	A	R	B	I	T
E	O	T	L	F	G	H	I	O	L	M	A	R	A	T	I
K	D	L	A	Ñ	B	E	L	G	I	C	A	K	L	A	C
I	O	A	O	J	U	A	K	L	M	A	R	I	W	L	U
E	S	T	A	D	O	S	U	N	I	D	O	S	R	I	B
Q	U	E	O	L	I	N	G	L	A	T	E	R	R	A	A
P	O	R	T	U	G	A	L	B	Y	S	K	O	L	M	E
K	Z	E	P	E	I	L	A	F	R	A	N	C	I	A	R
C	O	L	O	M	B	I	A	R	G	E	N	T	I	N	A
C	U	X	K	A	I	Ñ	E	A	Y	U	O	A	M	E	N
G	E	Y	O	M	A	W	Y	N	M	A	N	S	L	M	D
Z	M	A	R	R	U	E	C	O	S	E	I	J	I	J	O
E	U	R	U	G	U	A	Y	I	A	R	D	E	S	D	R
L	A	D	F	H	M	L	B	A	K	S	O	J	G	U	R
P	A	I	S	E	S	B	A	J	O	S	S	P	O	P	A

Número de palabras: 15

TEST: ¿QUÉ ACCIDENTE GEOGRÁFICO ERES?

Tus padres te habrán repetido a menudo eso de que eres un accidente, y la verdad es que es así, pero lo que eres en realidad es un accidente geográfico. La gran pregunta es cuál. Por suerte, gracias al siguiente test y a todo lo aprendido en esta sección, sabrás qué accidente geográfico eres según tu personalidad.

1) ¿Cuál de las siguientes cuatro características define mejor tu personalidad?

a) Serpenteante, frío y largo.
b) Escarpado, alto y peligroso.
c) Caliente, con tendencia a escupir y muy ruidoso.
d) Helado, pegajoso y rompible.

2) ¿Qué tipo de deporte prefieres?

a) Rafting.
b) Parapente.
c) Lanzamiento de piedras.
d) Patinaje sobre hielo.

3) Desde el punto de vista social, te consideras alguien...

a) Que fluye.
b) Que cae bien.
c) Ardiente.
d) Helado.

4) Si alguien se mete contigo...

a) Lo ahogas.
b) Lo tiras al vacío.
c) Lo quemas vivo.
d) Haces que su transatlántico insumergible se hunda.

5) Si para comer solo pudieras elegir un tipo de alimento, este sería...

a) Trucha.
b) Mar y montaña.
c) Carne a la brasa.
d) Whisky *on the rocks*.

6) En tus relaciones de pareja, una de las cosas que más te importa es...

a) La humedad.
b) No precipitarse.
c) El calor.
d) El frío.

7) La casa de tus sueños está en...

a) El Mississippi.
b) El río Verde (Granada).
c) La Palma.
d) En medio del océano.

MITO O REALIDAD

La historia está llena de historias. Si mentir sobre algo que está pasando en la actualidad es fácil, imagina hacerlo sobre algo que ocurrió hace siglos. Por suerte existe nuestro cuaderno, con el que aprender mientras te diviertes más que nunca en tu vida. En esta actividad tendrás que distinguir cuáles de los siguientes sucesos históricos son un mito y cuáles tuvieron lugar de verdad.

---

1) Cristóbal Colón muere en 1492 al caer su barco por los confines de la Tierra plana.
MITO I REALIDAD

---

2) El hombre llega a la Luna en 1969.
MITO I REALIDAD

---

3) Albert Einstein inventa la bombilla en 1879.
MITO I REALIDAD

---

4) El Chirlas se lía con la Jenny en los baños
de la discoteca El Escondrijo en 1999.
MITO I REALIDAD

---

5) Los extraterrestres contactan con un granjero
de Illinois en 1970 y le meten un chip enorme por el ano.
MITO I REALIDAD

---

6) Dos aviones secuestrados por terroristas
suicidas colisionan con las Torres Gemelas en 2001.
MITO I REALIDAD

---

7) Papá habría sido futbolista profesional si no se hubiera
lesionado la rodilla en 1972.
MITO I REALIDAD

---

8) Stephen Hawking pierde la movilidad al ser casi absorbido por un agujero negro en 1963.
MITO I REALIDAD

---

9) Juan Tortilla inventa la tortilla española al añadir cebolla a unos huevos y a unas patatas en 1699.
MITO I REALIDAD

---

10) Se encuentran armas de destrucción masiva en Irak en 2003.
MITO I REALIDAD

UNE LOS PUNTOS

A continuación, une los puntos hasta formar este histórico símbolo apolítico que, solo porque alguien lo lleve tatuado en la piel, no significa que tenga ninguna ideología concreta. ¿Sabes cuál es?

EL JUEGO DEL AHORCADO

En cualquier cuaderno de actividades que se precie no puede faltar el clásico juego del ahorcado. En este caso le hemos dado la vuelta, a ver si así consigues adivinar de qué personaje se trata.

PABLO MOTOS O ADOLF HITLER

Aunque mucha gente los confunde por su altura e ideología similares, y también por haber empezado ambos en la radio, la realidad es que Pablo Motos y Adolf Hitler son dos personas muy diferentes. ¿O no? Intenta adivinar cuáles de las siguientes frases dijo cada uno de estos dos personajes históricos y demuestra lo mucho que sabes de ellos.

«La mayoría de nosotros no sabemos escuchar».
PABLOS MOTOS I ADOLF HITLER

«Me pasaba la vida intentando hacer algo malo, romper algo».
PABLOS MOTOS I ADOLF HITLER

«Que te pegaran resultaba doloroso,
pero duraba poco en proporción a lo que conseguías».
PABLOS MOTOS I ADOLF HITLER

«Para castigarme me encerraban también
en un cuarto trastero que acabó siendo para mí como un segundo hogar».
PABLOS MOTOS I ADOLF HITLER

«Poco a poco empecé a entrar en un mundo
muy complicado, lo que se traduce en que comencé a delinquir».
PABLOS MOTOS I ADOLF HITLER

«Pensé en mis amigos y me di cuenta de que los
que no estaban en la cárcel estaban muertos».
PABLOS MOTOS I ADOLF HITLER

«Entonces cogí un diccionario y empecé a leerlo
desde el principio, aprendiéndome todas las palabras».
PABLOS MOTOS I ADOLF HITLER

«Como me había robado el futuro, decidí buscarlo y matarlo».
PABLOS MOTOS I ADOLF HITLER

«Tu alma acabará siendo el reflejo de tu cara».
PABLOS MOTOS I ADOLF HITLER

«De la vida mejor que nos echen a empujones».
PABLOS MOTOS I ADOLF HITLER

RELACIONA A ESTOS GENIOS
CON LOS INVENTOS QUE PLAGIARON

Inventar algo está bien, pero quitarle el invento a un pringado, enriquecerte con él y pasar
a la historia como un genio es mucho mejor porque no requiere tanto esfuerzo.
En esta actividad tu tarea consiste en unir los nombres de la primera columna
con los inventos que plagiaron.

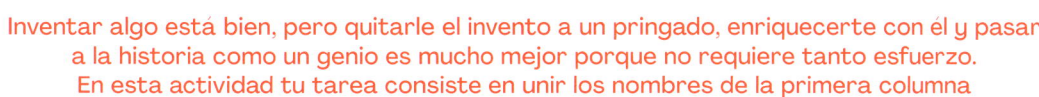

Steve Jobs y Bill Gates →   • La bombilla

Guglielmo Marconi →   • El avión

Thomas Edison →   • El telescopio

Mark Zuckerberg →   • La penicilina

Alexander Graham Bell →   • La radio

Galileo Galilei →   • El genocidio

James Watt →   • La interfaz gráfica de usuario

Los hermanos Wright →   • El teléfono

Alexander Fleming →   • La máquina de vapor

Benjamin Netanyahu →   • Facebook

COMPLETA LOS NOMBRES
DE LOS DINOSAURIOS

¿Te consideras una persona experta en dinosaurios? ¿Te apasiona la prehistoria?
Pues estás de enhorabuena porque esta es tu actividad. Le hemos quitado varias letras a los siguientes nombres de senadores españoles, de modo que tendrás que usar toda tu imaginación y conocimiento sobre dinosaurios para completarlos. ¡Adelante!

Jav....e.... A....tón Cac....o

R....cío Bri....nes ....orales

J....sús Caice....o Be....nabé

Secund....no C....so Roi....

Su....ana ....íaz Pa....he....o

Jua.... E....pad....s Cej....s

Fra....cis....o Man....el Fa....ardo P....lar....a

....idal ....alicia ....aramillo

A....tonio Po....eda Zap....t....

M....ría Ca....m....n Ri....lob....s Re....ad....ra

ORDENA CRONOLÓGICAMENTE LOS SUCESOS HISTÓRICOS

Un aspecto curioso de la historia es que siempre ha transcurrido en orden cronológico. Los sucesos anteriores siempre se han producido antes que los sucesos posteriores, y viceversa. En honor a dicha característica, en esta actividad tendrás que ordenar cronológicamente los sucesos históricos que encontrarás a continuación.

1 Dios consigue dotar de color al mundo tras siglos en blanco y negro.

2 Miguel de Cervantes pierde una mano en la batalla de Lepanto. El *Quijote* tendrá 688 páginas en lugar de 1.376 por culpa de eso.

3 El Vaticano obliga al papa Fucker I a cambiarse el nombre por el de Pío VII.

4 Una embarazada se sienta en la zona de minusválidos del autobús, acabando con siglos de discriminación.

5 Moisés escribe diez mandamientos al azar tras comerse las dos tablas de embutidos que Dios le entrega en el monte Sinaí.

6 Jesse James roba el wifi de su vecino, iniciando así una de las carreras delictivas más famosas de la historia.

7 En el XVII Congreso Mundial de Padres se acuerda llamar «nintendo» a cualquier dispositivo electrónico de entretenimiento, sea de la marca que sea.

8 El pirata Francis Drake es detenido por bajarse la discografía de Maná.

9 Se acepta la demanda de un tal Ringo Starr, que reclama que él también formó parte de los Beatles.

10 El Parlamento de Cataluña aprueba, por 120 votos a favor y 15 en contra, el proyecto de nuevo Estatuto de Autonomía, lo que soluciona definitivamente el histórico problema territorial.

11 La sonda Voyager I amenaza con volver a la Tierra si no le suben el sueldo.

12 El partido de centroderecha liderado por Adolf Hitler sube en las encuestas gracias a su discurso políticamente incorrecto.

13 El tren de Renfe que lleva españoles a Auschwitz llega con retraso, con lo que se salvan cientos de vidas.

14 Una vitamina C abandona por primera vez el zumo de naranja a los pocos minutos de ser exprimido.

15 El monje cisterciense Bernardo de Claraval inventa el *glory hole*.

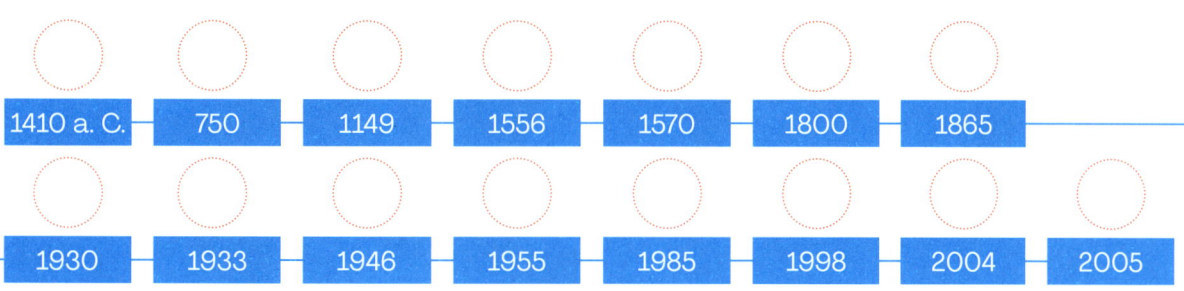

1410 a. C. | 750 | 1149 | 1556 | 1570 | 1800 | 1865

1930 | 1933 | 1946 | 1955 | 1985 | 1998 | 2004 | 2005

ENCUENTRA LAS DIFERENCIAS

¿Serías capaz de encontrar
las diferencias entre estas dos imágenes?

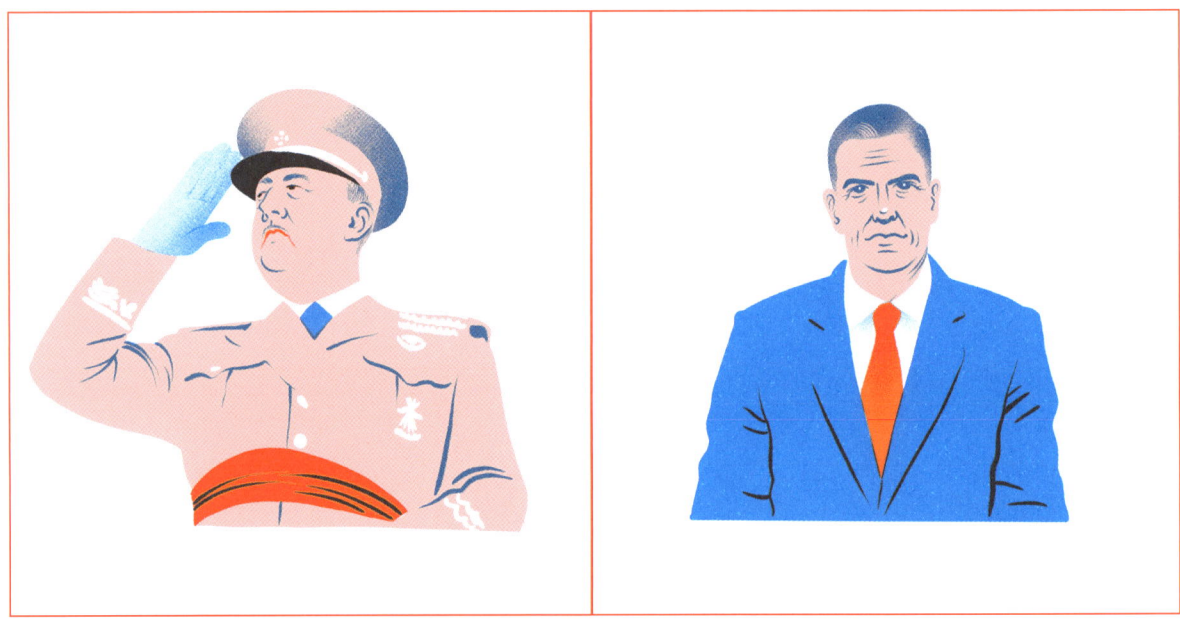

■■■■ → **CREA TU PROPIO NOMBRE DE REY** ← ■■■■

La historia no sería nada sin los reyes. Estas figuras son las más importantes porque fueron las que moldearon el devenir de todos los acontecimientos históricos. Sin ellos el mundo sería un lugar muy diferente... ¡Un lugar mucho mejor! Desde el inicio de los tiempos, el sueño del hombre fue crear su propio rey, y ahora, gracias a este cuaderno, lo podrás cumplir. Une los términos de cada una de las tres columnas y crea un monarca a tu medida, exactamente igual que hizo Francisco Franco.

Felipe	Cero	el Sabelotodo
Juan Carlos	I	el Auxiliar Administrativo
Froilán	II	Por el Culo te la Hinco
Enrique	III	el Si Breve Dos Veces Bueno
Jonathan	IV	la Bichota
Antonio	V	el Último
Wilson	VI	el Comemierda
El Rulas	VII	el Tolili
Josep Maria	VIII	el Cantamañanas
El Chirlas	IX	el Subnormal Profundo
El Rey del Cachopo	X	el Amante de Bárbara Rey

1) ....

2) ....

3) ....

4) ....

5) ....

6) ....

7) ....

8) ....

9) ....

10) ....

11) ....

JESUCRUCIGRAMA

El siguiente crucigrama es muy especial porque está dedicado al personaje histórico más importante de todos los tiempos al margen de ideologías, religiones o nacionalidades.

1 horizontal)
Convicción de la persona que no cree
en la existencia de Dios o que la niega.

1 vertical)
Quitarse voluntariamente la vida.

¿QUÉ MEDIO DE TRANSPORTE USARÍAN HOY LOS SIGUIENTES PERSONAJES?

Lamentablemente, en el pasado había muy pocos medios de transporte: el caballo, las piernas, los esclavos y poco más. La mayoría de los personajes históricos se movían muy despacio y de manera muy incómoda, dejándonos la eterna duda de cómo se desplazarían de estar vivos en la actualidad. Gracias a esta actividad podrás descubrir en qué se moverían esos personajes. Usa tu intuición y une los nombres con los medios de transporte.

Patinete eléctrico →   • Steve Jobs

BiciMad →   • John F. Kennedy

Metro →   • Jesucristo

Coche sin conductor →   • Nikola Tesla

Carsharing →   • Adolf Hitler

Segway →   • El asesino de Adolf Hitler

Hoverboard →   • Marie Curie

Yate →   • Michael Schumacher

Jet privado →   • Enrique VIII

Máquina del tiempo →   • Edgar Allan Poe

TEST:
¿QUÉ GENOCIDIO ERES?

La historia se ha acabado, hemos llegado al final de este bloque.
De hecho, ahora este tema por fin será historia. Pero, antes, vamos a comprobar cuánto has aprendido. Responde a las siguientes preguntas y descubre qué genocidio eres según tu personalidad.

1) ¿Cuál de las siguientes palabras crees que te define mejor?
- a) Discreto.
- b) Extrovertido.
- c) Tímido.
- d) Marginado.

2) Cuando estás en un grupo de personas conversando, tú...
- a) Vas diciendo cosas, pero tampoco muchas.
- b) Eres el absoluto centro de atención.
- c) Vas diciendo cosas, pero nadie te escucha.
- d) Todos te ignoran por completo todo el rato.

3) Al elegir un lugar para reunirte con alguien, ¿cuál prefieres?
- a) Cualquier sitio me va bien; el que elijan los demás.
- b) Mi restaurante favorito o no voy.
- c) A mí con que me inviten a ir ya me vale.
- d) No me he reunido jamás con nadie.

4) ¿Con qué frecuencia te reconocen por la calle?
- a) De vez en cuando se me quedan mirando, pero no saben por qué.
- b) Constantemente.
- c) Me suelen confundir con otro.
- d) Nunca me han reconocido.

5) ¿En cuántos grupos de WhatsApp estás?
- a) Estoy en dos, uno de mi familia materna y otro de mi familia paterna.
- b) He perdido la cuenta.
- c) Estoy en uno conmigo mismo que utilizo para escribir mis cosas.
- d) No tengo móvil por seguridad.

ADIVINA EL DÍA
EXACTO DE TU MUERTE

Todos sabemos qué día nacimos, pero muy pocos saben el día exacto de su muerte.
En esta actividad tendrás que demostrar todos tus conocimientos no solo sobre salud, sino también
sobre tu propio cuerpo, y acertar con la mayor exactitud posible el día de tu muerte.
¡Mucha suerte!

.... / .... / ....

ADIVINA EL NUTRI-SCORE

La salud está de moda y cada vez más gente se esfuerza por comer sano.
Sin ir más lejos, nosotros no nos llevamos nada a la boca que no tenga una A según el Nutri-Score.
Esta herramienta es muy útil para diferenciar los productos sanos de los perjudiciales,
lo cual ayuda a comer sin miedo a sufrir una muerte repentina. A continuación, demuestra todo lo que
sabes de salud alimentaria y trata de acertar el Nutri-Score de los siguientes productos.

Pista: hay cinco que son A, cuatro que son B,

tres que son C, uno que es D y dos que son E.

A B C D E

A B C D E

A B C D E

A B C D E

A B C D E

A B C D E

A B C D E

A B C D E

A B C D E

A B C D E

A B C D E

A B C D E

A B C D E

A B C D E

A B C D E

PINTA Y COLOREA

Como hacer las actividades de este cuaderno puede ser muy estresante, ha llegado el momento de parar y reflexionar. Necesitas tranquilizarte, respirar hondo y hacer alguna actividad relajante. Esta actividad no entra en el examen, simplemente pinta y colorea la siguiente figura hasta encontrar esa calma y esa paz de espíritu que tanto necesitas.

ENCUENTRA LOS PRINCIPALES SÍNTOMAS DE LA ANSIEDAD

Oh, ansiedad, divino tesoro. ¿Quién no la ha sufrido en alguna ocasión?
Tú, sin ir más lejos, tienes una ansiedad de caballo.
En esta actividad tienes que encontrar sus síntomas. ¡Adelante!

N	E	R	V	I	O	S	I	S	M	O	A	G	H	D	E
M	A	R	X	K	J	U	I	L	M	I	S	U	M	I	G
W	S	Ñ	O	I	C	A	N	S	A	N	C	I	O	A	R
Z	A	S	Y	C	K	S	P	O	N	F	A	R	A	R	K
Z	I	N	S	O	M	N	I	O	V	I	S	L	U	R	O
A	Y	I	W	Q	O	M	T	E	M	B	L	O	R	E	S
C	A	L	E	L	B	P	W	U	E	S	U	J	M	A	N
W	S	U	D	O	R	A	C	I	O	N	A	L	I	M	A
T	E	N	D	R	A	N	E	I	U	L	I	B	E	R	T
A	R	C	D	E	B	I	L	I	D	A	D	M	U	I	E
C	U	I	K	L	A	C	M	H	F	E	I	U	O	L	N
D	A	S	O	U	Z	O	S	A	L	R	Y	L	M	I	S
T	O	R	N	A	R	O	T	R	E	N	Q	I	L	Z	I
G	O	R	R	I	N	E	H	Q	O	A	Z	C	V	B	O
Q	W	I	O	P	L	A	A	G	I	T	A	C	I	O	N

Número de palabras: 10

ENCUENTRA
A WALLY EN EL HOSPITAL ZENDAL

En el siguiente dibujo se representa el hospital Zendal de Madrid,
todo un ejemplo de capacidad de reacción en momentos de crisis y de gestión de pandemias.
Tu tarea consiste en localizar a Wally en una de sus plantas. ¿Serás capaz?

DOCTOR GOOGLE

Gracias a las nuevas tecnologías, recibir un diagnóstico es más fácil que nunca.
Pedir cita con un médico es algo que resulta muy laborioso y que requiere una enorme cantidad de tiempo, mientras que googlear tus síntomas y autodiagnosticarse apenas lleva cinco minutos.
A continuación, tendrás que demostrar todos tus conocimientos médicos uniendo los síntomas con su enfermedad correspondiente.

Ligero dolor en la zona de la nuca acompañado de leves mareos al levantarse demasiado rápido. →

• Cáncer terminal de estómago

Orina amarilla a primera hora de la mañana. →

• Cáncer terminal de pulmón

Un hambre atroz, especialmente muchas horas después de la anterior comida. →

• Cáncer terminal de garganta

Escozor en la zona del entrecejo y picores habituales en el centro de la espalda. →

• Cáncer terminal de riñón

Tos improductiva acompañada de, al menos, tres estornudos diarios. →

• Cáncer terminal de higado

Miccionar más de cinco veces al día independientemente de la cantidad de liquido que se ingiera. →

• Cáncer terminal de pecho

Dolor cada cuatro semanas en la zona del pezón acompañado de inflamación. →

• Cáncer terminal de cabeza

Que los huevos cuelguen por debajo de la polla. →

• Cáncer terminal de próstata

Cansancio al correr a gran velocidad acompañado de mocos y exceso de saliva en la boca. →

• Cáncer terminal de piel

Fatiga antes de dormir o justo al despertarse y pinchazos abdominales al menos una vez al mes. →

• Cáncer terminal de testiculos

COLESTEROL BUENO
O COLESTEROL MALO

En esta vida todos tenemos némesis, enemigos que quieren destruirnos y acabar
con nosotros para siempre. El colesterol es uno de ellos. Hace miles de años solo existía un colesterol,
pero, con el paso del tiempo, experimentó una radicalización interna y la parte buena acabó
expulsando a la parte maligna, de manera que pasó a haber dos colesteroles, el malo
y el bueno. Demuestra lo bueno o malo que eres tú y une los alimentos de la columna del centro
con el tipo de colesterol que contribuyen a aumentar.

Atún

Queso

Sardinas

Pizza

Dónuts

Croquetas

Salmón

Bistec de ternera

Nueces

Castañas

Jamón serrano

Aguacate

Patatas fritas

Espinacas

Higos

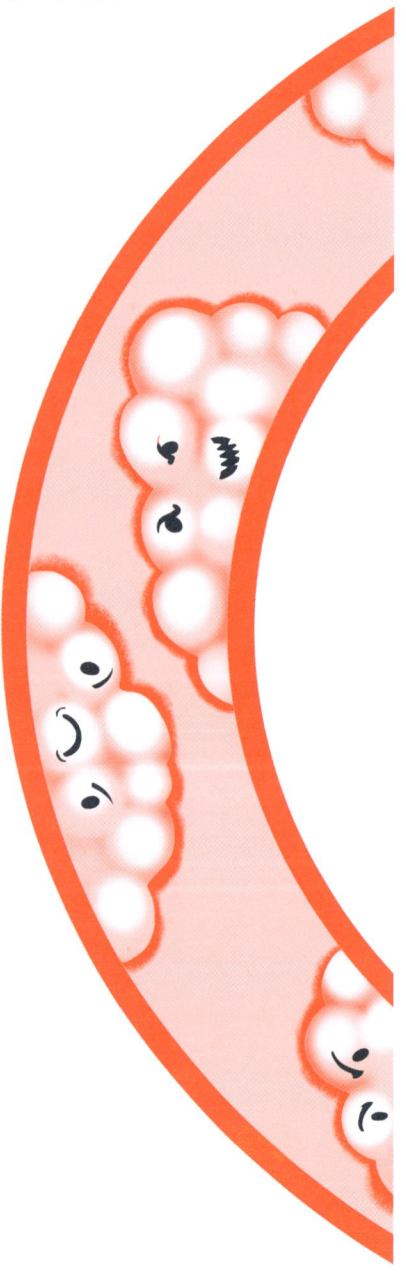

INTENTA LLEGAR
AL ÚNICO MÉDICO DE MADRID

Estás muy enfermo y necesitas atención médica de manera urgente, pero vives en Madrid y solo hay un médico en la ciudad. En el siguiente laberinto, intenta llegar hasta él para poder ser atendido. ¿Lo conseguirás?

CREA TU PROPIA EXCUSA
PARA NO VACUNARTE

En los últimos años, las vacunas han cobrado mucho protagonismo. Antes eran unos pinchazos que te daban en la infancia y que te ayudaban a no contraer enfermedades, pero, de un tiempo a esta parte, solo buscan someter completamente a toda la población a la voluntad de las élites. Si eres de esos a los que las vacunas no les convencen, estás de enhorabuena, porque si unes las frases de las tres columnas podrás formular tu propia excusa para no vacunarte.

Mi religión me impide vacunarme

No pienso vacunarme

Nunca me he vacunado

He dejado de vacunarme

Yo no me volveré a vacunar

Vacunarse es una locura

A mí no me engañan, yo no me vacuno

Las élites no se vacunan, así que yo tampoco

No me vacunaría ni por todo el dinero del mundo

Tendría que estar muy enfermo para vacunarme

porque las enfermedades no existen

porque las vacunas tienen grafeno

porque tengo muchos amigos que se han muerto

porque vi en X que te meten un chip

porque mis padres son hermanos

porque son un invento de las farmacéuticas

porque tengo un retraso mental muy severo

porque, sencillamente, soy unególatra

porque carezco de inteligencia

porque no quiero seguir viviendo

y, además, luego te meten en una lista y te llaman los comerciales a la hora de la siesta.

y enseguida empiezas a oir voces que te obligan a matar a tu familia.

y te controlan para que votes a los *wokes*.

y todos los que se han vacunado morirán en menos de cinco años durante el Gran Reemplazo.

y eso es malísimo para el colesterol.

y, por si fuera poco, te meten un virus para que te contagies.

y también es verdad que mis abuelos eran hermanos.

y no quiero acabar votando al independentismo catalán.

y me convertiría en una marioneta de los reptilianos.

y la Tierra es plana.

1) ....

2) ....

3) ....

4) ....

5) ....

6) ....

7) ....

8) ....

9) ....

10) ....

DEMUESTRA CUÁNTO
SABES DEL CUERPO HUMANO

Ahora que ya nos estamos acercando al final de este bloque, es un buen momento para comprobar cuánto sabes acerca del cuerpo humano. En el siguiente dibujo, escribe el nombre de las diferentes partes marcadas con un número.

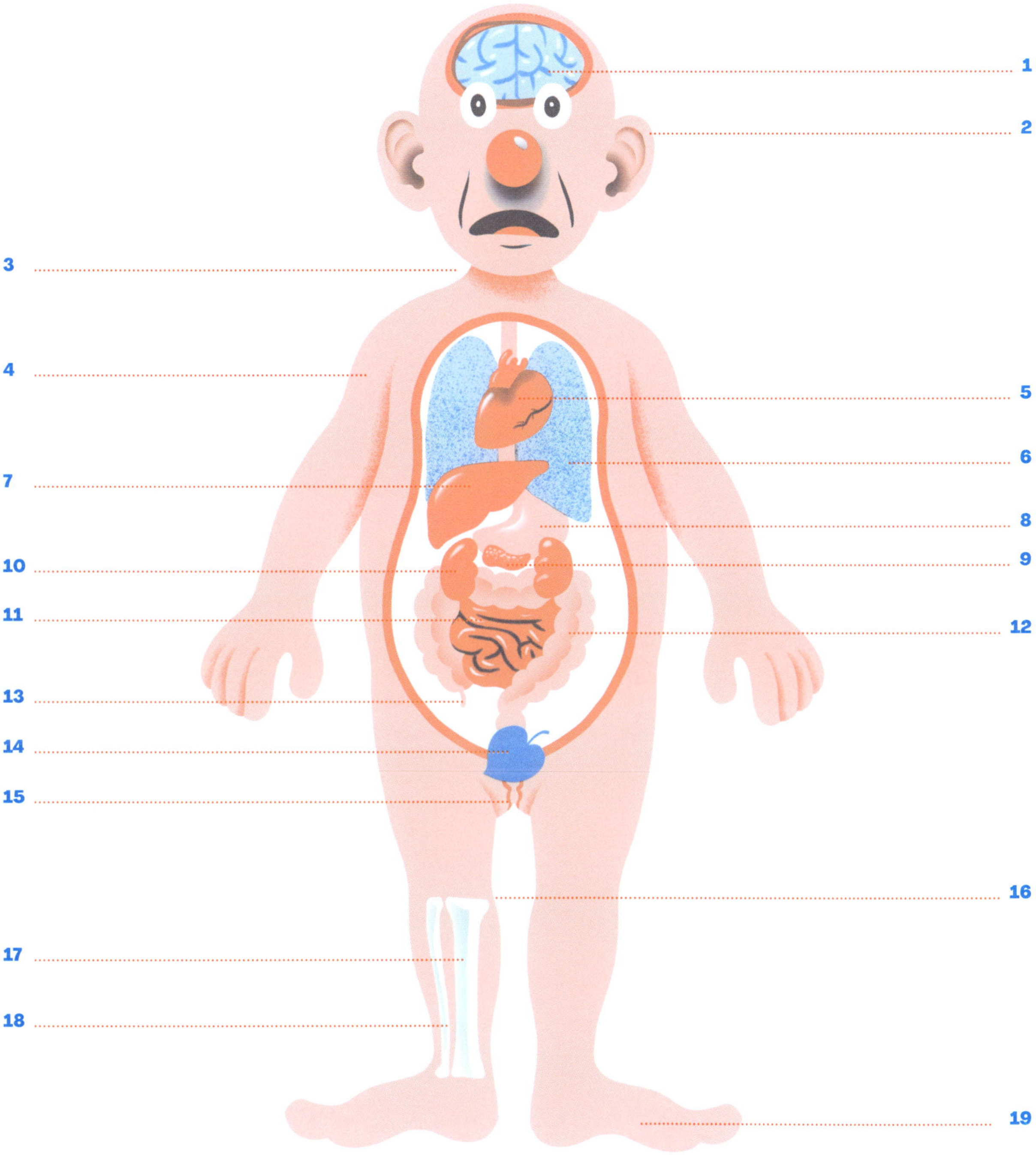

1 ....

2 ....

3 ....

4 ....

5 ....

6 ....

7 ....

8 ....

9 ....

10 ....

11 ....

12 ....

13 ....

14 ....

15 ....

16 ....

17 ....

18 ....

19 ....

TEST:
¿CUÁL ES TU ESTADO DE SALUD?

En esta vida lo más importante, además de la salud, es predicar con el ejemplo.
De nada sirve saber mucha teoría de algo si luego, en la práctica, no tienes ni idea. A lo largo de este
bloque has demostrado tener muchos conocimientos de salud, pero ¿qué tal está la tuya?
Sácate 25 centilitros de sangre y colócalos en el dibujo. Dentro de quince días te llamaremos para
darte los resultados de la analítica e informarte de si has aprobado o suspendido este bloque.
Ni se te ocurra pasar al siguiente hasta que te llamemos.

¿CUÁN POPULARES SON
LOS SIGUIENTES FAMOSOS?

Lo que más le importa a la gente, con muchísima diferencia respecto al resto de las cosas,
es la popularidad de los demás, y para medirla no hay mejor herramienta que Instagram.
Si no fuera por esta red social, iríamos por la vida sin saber a qué famosos admirar. A continuación,
debes adivinar cuántos seguidores tienen en Instagram los siguientes famosos.
(La popularidad, como la bolsa, sube y baja cada día, así que el número de seguidores de cada uno
de ellos es aproximado. Tampoco os pongáis exquisitos, que este es un cuaderno de cachondeo;
si queréis hacer deberes de verdad, estudiad una carrera).

Kim Kardashian →	• 4 millones
Taylor Swift →	• 587.000
Cristiano Ronaldo →	• 2 millones
Leo Messi →	• 65 millones
Georgina Rodríguez →	• 176.000
El Mundo Today →	• 25 millones
Laura Escanes →	• 358 millones
Aitana →	• 50
Ester Expósito →	• 794.000
Ibai Llanos →	• 282 millones
Gabriel Rufián →	• 5.000
Isabel Díaz Ayuso →	• 505 millones
Vicente García Santana →	• 650 millones
Luisa Ruano Hita →	• 11 millones
Enzo Vizcaíno →	• 1.000

AMANTES DEL REY EMÉRITO

En la siguiente sopa de letras tendrás que encontrar los nombres de las amantes del rey emérito, Juan Carlos I de Borbón. Puedes tomártelo con calma; piensa que, de momento, la exreina Sofía solo ha encontrado uno.

T	R	A	P	O	L	A	C	O	R	I	N	N	A	Z	A
O	M	O	L	G	H	I	N	A	E	R	A	S	H	K	L
N	T	E	C	H	O	I	D	A	G	M	K	A	O	L	M
B	A	R	B	A	R	A	B	M	I	I	L	R	M	N	U
N	I	E	V	E	P	M	A	O	L	T	E	N	B	C	X
E	R	S	G	L	A	D	Y	S	E	H	O	J	A	A	V
M	A	S	E	Q	Z	C	C	O	N	I	E	V	E	P	A
Ó	J	F	R	U	T	S	U	L	C	G	N	O	C	H	W
B	U	R	A	R	A	F	F	A	E	L	L	A	Ñ	O	P
M	V	A	J	A	J	U	Z	A	Z	R	Q	V	N	E	S
A	T	O	S	O	L	M	G	I	R	O	U	A	R	E	A
R	E	F	U	E	G	R	N	A	E	D	E	A	L	U	R
T	E	D	R	I	O	T	U	D	E	Z	C	V	R	B	A
A	S	U	L	G	A	B	R	I	E	L	A	A	U	K	Ñ
É	F	O	N	O	O	T	E	L	A	I	E	L	O	S	V

Número de palabras: 10

¿DÓNDE ESTÁ
CARLES PUIGDEMONT?

El genio escapista Carles Puigdemont se ha escondido en el parque de la Ciutadella de Barcelona.
Tu labor es encontrarlo y denunciarlo cuanto antes a la Justicia española.
¿Serás capaz?

¿POR QUÉ LOS CANCELARON?

Ya no se puede decir nada. Hace tiempo que la cultura de la cancelación se convirtió en una terrible dictadura. Los diez famosos enumerados a continuación lo perdieron todo al ser señalados por el movimiento *woke*. Pero ¿sabrías decir por qué los cancelaron? ¡Señala la opción correcta!

1) Woody Allen

a) Su hija lo acusó de abuso sexual.
b) Se casó con la hija de su expareja.
c) Escribió unos tuits racistas en 1997.
d) Por la película *Rifkin's Festival.*

2) Louis C. K.

a) Por un chiste tránsfobo en uno de sus especiales.
b) Por masturbarse delante de cómicas.
c) Por hacer chistes sobre pajas.
d) Por apoyar públicamente a Donald Trump.

3) Carlos Vermut

a) Hizo una película sobre un pederasta.
b) Varias mujeres lo acusaron de abuso sexual.
c) No celebró la victoria del Real Madrid
en la Champions de 2024.
d) Se comió la última aceituna en una cena con amigos.

4) Ana Rosa Quintana

a) Propagó bulos para favorecer a la ultraderecha.
b) Destronó a María Teresa Campos.
c) Descubrió a Jorge Javier Vázquez.
d) Puso su nombre a un libro plagiado.

5) Harvey Weinstein

a) Por ser feísimo.
b) Por abusar sexualmente de varias actrices.
c) Por ser judío.
d) Por criticar a Pedro Sánchez en una entrevista.

6) Miguel Bosé

a) Por ser de derechas.
b) Por ser un *nepo baby.*
c) Por proclamar que el covid no existe.
d) Por comprar bebés.

7) Nacho Cano

a) Contrató artistas de manera irregular.
b) Es amigo de Isabel Díaz Ayuso.
c) Por las letras de sus canciones.
d) Por representar *Malinche.*

8) Íñigo Errejón

a) Por contradicciones entre la persona y el personaje.
b) Por regenerar la política española.
c) Por crear demasiados partidos de izquierdas.
d) Varias mujeres lo acusaron de abusos.

9) Johnny Depp

a) Protagonizó *The Tourist.*
b) Protagonizó *Piratas del Caribe 3.*
c) Protagonizó *Sombras tenebrosas.*
d) Protagonizó un juicio por malos tratos.

10) J. K. Rowling

a) Hace continuamente declaraciones tránsfobas.
b) Mató a Dobby.
c) Se posicionó en contra del aborto.
d) Se posicionó públicamente a favor de Vox.

¿QUÉ YOUTUBERS TODAVÍA VIVEN EN ESPAÑA?

Pagar impuestos es de pringados. El Estado no ha hecho nada por ti. Todo lo contrario; no ha dejado de ponerte trabas desde que naciste, como obligarte a ir al colegio o a detenerte en los semáforos en rojo. Por eso es totalmente comprensible que, si alcanzas un nivel económico alto a base de subir vídeos a internet, te vayas a Andorra para pagar menos impuestos. De los siguientes youtubers, algunos han sido listos y otros no. Tacha los nombres de los que no se hayan ido a vivir al país vecino.

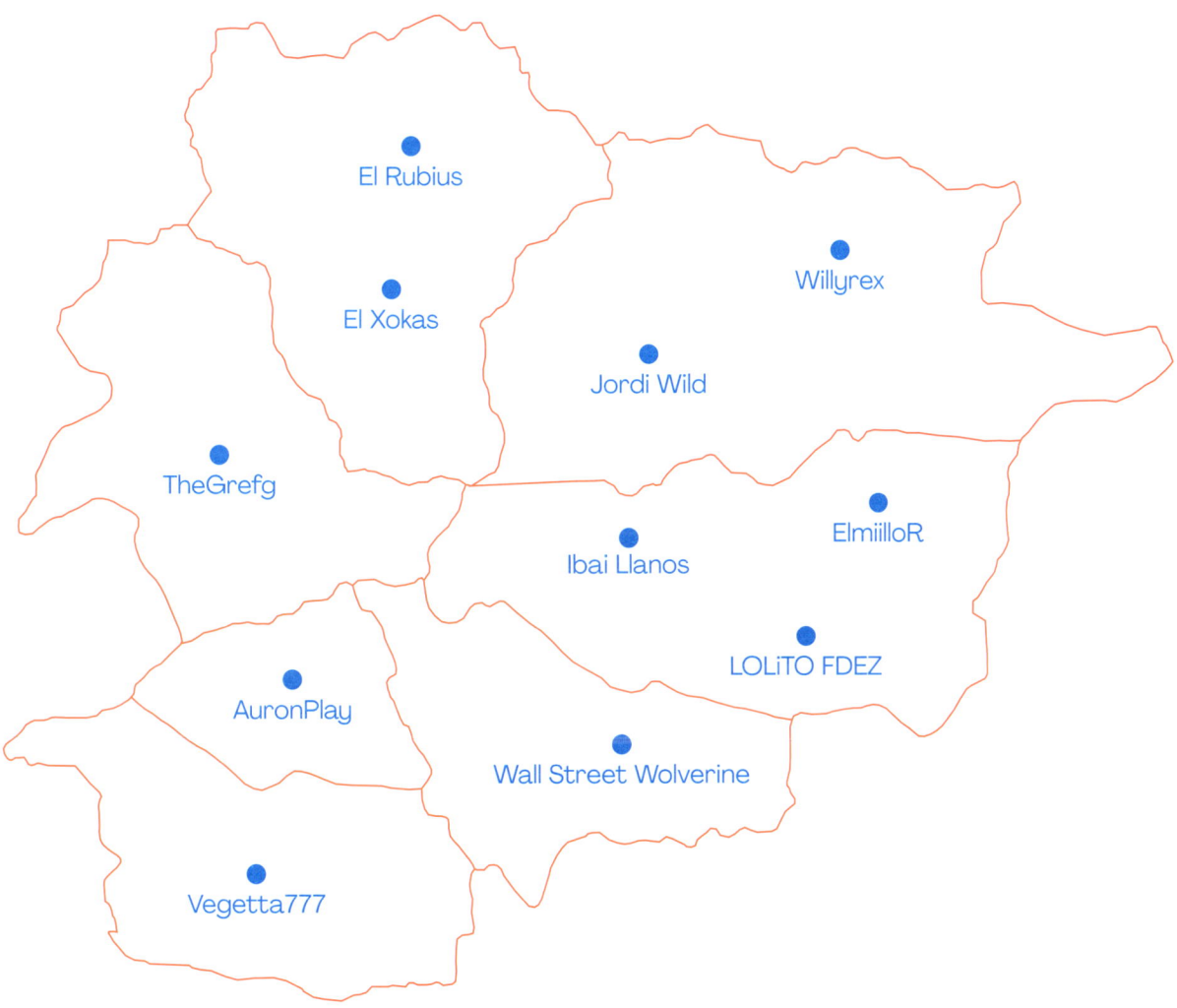

MASTERCHEF DE VERDAD
O *MASTERCHEF* DE MENTIRA

En esta actividad tendrás que demostrar todos tus conocimientos de cocina. Para ello debes distinguir entre las ediciones verdaderas de *MasterChef*, el programa de RTVE, y las ediciones falsas que nos hemos inventado nosotros. Esta es una de las pruebas más complicadas de todo el cuaderno. ¡Mucha suerte!

1)
MasterChef Celebrity 9
VERDADERA | FALSA

2)
MasterChef Junior 11
VERDADERA | FALSA

3)
MasterChef Abuelos
VERDADERA | FALSA

4)
MasterChef Diabéticos
VERDADERA | FALSA

5)
Masterchef Borrachos
VERDADERA | FALSA

6)
MasterChef Navidad
VERDADERA | FALSA

7)
MasterChef Primos
VERDADERA | FALSA

8)
MasterChef 14
VERDADERA | FALSA

9)
MasterChef Junior 10
VERDADERA | FALSA

10)
MasterChef Becarios
VERDADERA | FALSA

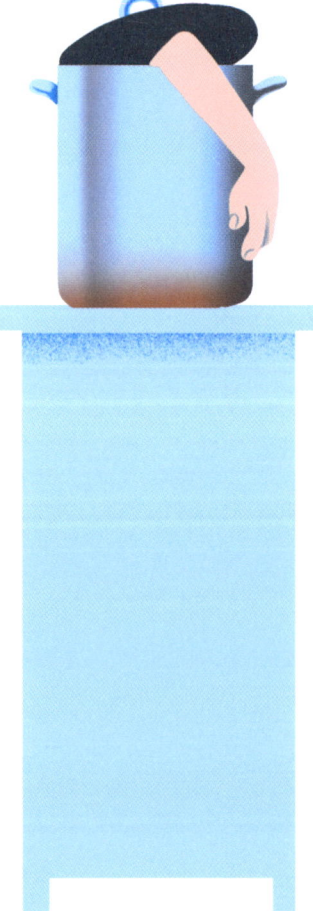

¿A QUÉ FAMOSO PERTENECE CADA ESQUELA?

Desgraciadamente, los famosos son mortales y muchos de ellos ya han fallecido o van a fallecer. Lo bueno es que, gracias a esa particularidad, hemos podido crear la siguiente actividad. A continuación, has de adivinar a qué famosos pertenecen las siguientes esquelas.

1)

DEP

_____ falleció la pasada madrugada confortado por los Santos Sacramentos. Lo hizo acompañado de sus seres más queridos, él mismo. El sepelio se celebrará el próximo domingo a las 12 de la mañana, y lo acompañará la persona que más lo ha querido, él mismo. Para aprovechar la incineración del cuerpo, en la caja también meteremos sus libros; de todas formas, no interesaban a nadie que no fuera él. Favores por los que anticipamos gracias.

a) Juan José Millás
b) Risto Mejide
c) Camilo José Cela
d) Jordi Wild

2)

DEP

La familia _____ tiene el honor de informar de que el excelentísimo _____ murió en el día de ayer sin pisar la cárcel ni un solo día. A sus _____ años de edad, _____ consiguió delinquir durante toda su vida sin sufrir por ello ni una sola consecuencia, algo que tiene mucho mérito en los tiempos que corren. Su familia, las dos, ruegan una celebración, más que una oración, por su alma, porque la hazaña que ha conseguido quizá sea la más importante de su carrera, y eso que no le faltan logros. Mañana celebraremos el funeral e incineraremos rápidamente el cuerpo, no vaya a ser que venga la policía a detenerlo a última hora. Rogamos confirmar asistencia. Favores por los que anticipamos gracias.

a) Juanra Bonet
b) José Luis Ábalos
c) Florentino Pérez
d) Mario Conde

3)

DEP

(DEP) Esta esquela es de pago. Para poder leerla hay que ingresar 99 € en la siguiente cuenta bancaria: IBAN 25 0449 6654 1177 8656. Muchas gracias y disculpen las molestias.

a) Jeff Bezos
b) María Escario
c) Isabel Pantoja
d) Juan y Medio

¡OH, NO! ¡ALGUIEN HA ESCRITO EN EL GRUPO DE WHATSAPP FAMILIAR!

Si comunicarse con la gente normal ya es difícil, hacerlo con tus familiares es prácticamente imposible. Si, además, los juntas a todos en un grupo de WhatsApp, el resultado es aterrador. En esta actividad tienes diferentes mensajes que tus familiares han enviado al grupo de WhatsApp, y debes acertar la respuesta correcta. ¡Adelante!

1) Tía Concha

«El enlace anterior es de un concurso de dibujo en el que está participando mi hija Loli. Por favor, darle la máxima puntuación para que se pueda llevar el premio!!».

a) «Hola, Concha. He entrado en el enlace y he visto todos los dibujos que entran a concurso. Finalmente, he votado por el de un niño que se llama Juan porque me parece el mejor».

b) «¡Ya la he votado! ¡Es superchulo! ¡Ojalá gane!».

c) «¿Eso es una polla? LOL».

d) «Lo siento, tía, pero no voy a votar por el dibujo de Loli porque es mi prima y la aprecio, y no quiero que llegue al éxito tan joven y acabe siendo un juguete roto».

2) Mamá

«Cada día es un regalo que hay que abrir por la mañana con la ilusión de un niño. Buenos días a todos. Os quiero mucho».

a) «Mamá, ¿de qué regalo hablas? Llevas toda la mañana leyendo el *Pronto* y limpiando sardinas».

b) «Yo todavía no me he dormido porque voy hasta arriba de cocaína».

c) «¡Buenos días! ¡Abrid ese regalo y no lo soltéis porque solo hay una vida y la estamos viviendo ahora!».

d) «Buenos días!».

3) Prima Jennifer

«Felicidadessss a Fermín!!!».

a) «¡Felicidades a Fermín!».

b) «Fermín es familia política, ni siquiera está en el grupo, no creo que debamos colapsar las notificaciones con su puto cumpleaños».

c) «Fermín abusó sexualmente de mí cuando tenía cinco años. No me siento cómodo con que sigamos fingiendo que no ha pasado nada».

d) «Disculpad que conteste tarde, había olvidado su cumpleaños al igual que había olvidado otros sucesos relacionados con Fermín».

4) Tía Charo

«URGENTE: WhatsApp empezará a ser de pago si no reenvías este mensaje a todos tus contactos antes de las 22 horas de mañana. Compartid».

a) «Tía, ese es un bulo recurrente. Creo que es mejor no compartir este tipo de cosas en el grupo familiar».

b) «Reenviado. ¡Qué hijos de puta son! Al final nos harán pagar por respirar».

c) «URGENTE: WhatsApp empezará a ser de pago si no reenvías este mensaje a todos tus contactos antes de las 22 horas de mañana. Compartid».

d) «¡Gracias, Charo!».

5) Tío Rafael

«Me ha llamado Jimena, que
se ha muerto la señora Belén. DEP».

a) «¿Quién?».

b) «¿Seguía viva esa bruja?».

c) «DEP».

d) «Noooooo, la señora Belén noooooooooo».

6) Prima Verónika

«BUENÍSIMO: La policía encontró a un marinero
flotando en alta mar y le iban a meter una multa de
600 euros por ensuciar la costa. Al acercarse vieron
que no era un marinero, que era un emigrante ilegal,
así que le dieron la nacionalidad española, un bocadillo
y una habitación en un hotel de cinco estrellas».

a) «jajajajajajajaja Muy cierto, prima!».

b) «¡Brutal! ¡Comparto con tu permiso!».

c) «Ya no se puede vivir en España, es insoportable el
Puto Perro».

d) «Verónica, que no Verónika, ¿estás bien?
¿Necesitas un abrazo?».

7) Primo Rafaelito

«Acaban de operar a la abuela, los médicos han dicho
que en unas horas podremos entrar a verla».

a) «Nos va a enterrar a todos la hija de puta».

b) «Gracias por compartir esta información, primo».

c) «¿Pero de la herencia vamos a hablar o no?».

d) «Los médicos quieren matarla, ¡os dije que no la
llevaseis a ningún hospital!».

8) Primo Jeremías

«Familia, os presento a Roma, ha pesado 3,2 kilos,
es muy buena y la madre está muy bien».

a) «Bienvenida, Roma, mucha suerte en 30 años cuando
tengas que luchar a muerte por agua potable».

b) «¡Qué guapa!».

c) «Esa bebé tiene que adelgazar, está muy gorda».

d) «¿Por qué la gente más tonta es la que más
hijos tiene?».

9) Tío Miguel

«Me gustaría pedir disculpas por mi actitud en la
Nochebuena de ayer, me pasé con el vino. No era mi
intención decir todo aquello. Feliz Navidad».

a) «No te preocupes, tío, todos podemos pasar una
mala noche».

b) «Qué va, si gracias a ti la cena estuvo algo
entretenida».

c) «Deberías usar la Wonderbox Fin de Semana que te
regalé en un centro de desintoxicación».

d) «Creo que el vino no era el problema, eran más el
whisky, la cocaína y tu existencia triste y vacía».

10) «Tía Charo ha abandonado el grupo».

a) «¿Me puedo ir yo también?».

b) «Ya no se puede decir nada en este grupo».

c) «Ay, no. Ahora le escribo por privado para que vuelva
a entrar».

d) «¡Cierra al salir, puta facha de mierda!».

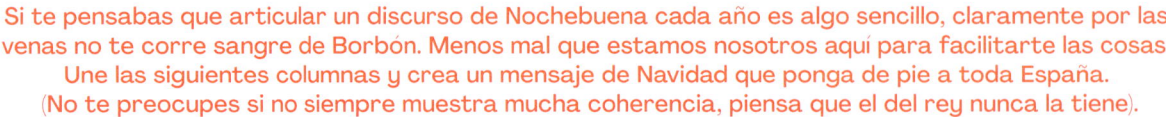

TU PROPIO MENSAJE
DE NAVIDAD DEL REY

Si te pensabas que articular un discurso de Nochebuena cada año es algo sencillo, claramente por las venas no te corre sangre de Borbón. Menos mal que estamos nosotros aquí para facilitarte las cosas. Une las siguientes columnas y crea un mensaje de Navidad que ponga de pie a toda España.
(No te preocupes si no siempre muestra mucha coherencia, piensa que el del rey nunca la tiene).

En esta época de celebraciones	hay que tener en cuenta que existen demasiados pobres en esta nación	y enseñaros el bastón de mando de este país.
Cuando uno mira alrededor en estas fechas	es un buen momento para bajarme los pantalones	y abdicar como hizo mi padre, que ese sí que es listo.
Si vuestros primos son hermanos, como en mi caso, convendréis en que	seria buena idea acabar con esta farsa de monarquía	y que dieseis vosotros este discurso porque yo estoy hasta arriba de curro.
Ahora que toda la familia está reunida delante del televisor	me gustaría ir a vuestras casas	y escuchar juntos la última canción de Rosalía, esa sí que es una española de bien.
Viniendo en taxi hasta aquí me he dado cuenta de que	ha llegado la hora de mirar a los ojos a los pobres	y deciros que estos discursos los grabé todos durante mi primer año de mandato.
Justo le decía a Letizia que	no puedo seguir representando a un país con tantos feos	y a partir de ahora Froilán será el jefe del Estado.
Vivimos en la era de la desinformación y conviene recordar que	cuando son las 21.45 en riguroso directo	¡y hala Madrid y nada más!

....

....

....

....

....

....

....

TEST:
¿CUÁN VIEJO ERES?

Parece que era ayer cuando empezamos esta sección y resulta que ya hemos llegado al final. El tiempo pasa inevitablemente, aunque no quieras, aunque te empeñes en luchar contra él. Te crees que sabes mucho sobre la gente, sobre las celebridades, sobre lo moderno, pero la realidad es que has envejecido. ¿No estás de acuerdo? ¿Crees que todavía eres joven? Pues muy bien, haz el siguiente test y demuéstranos que nos equivocamos.

1) ¿Quién es Billie Eilish?
    a) Una diosa.
    b) Una cantante estadounidense.
    c) Un tipo de pez.
    d) Algo del Harry Potter ese.

2) ¿Qué es un bro?
    a) Pero ¿qué pregunta es esa, *bro*?
    b) La manera que tienen los jóvenes de llamarse.
    c) Una raza de perro.
    d) Un tipo de churro relleno de embutidos y ensalada.

3) Completa la siguiente frase: Taylor Swift es...
    a) Mi inspiración.
    b) Una cantante que fue al Bernabéu.
    c) Una tigresa.
    d) Un jugador de la selección de baloncesto estadounidense.

4) ¿Tienes TikTok?
    a) Soy tiktoker, *bro*.
    b) No, pero veo los tiktoks en Instagram.
    c) No, pero tengo dos gatos.
    d) Tengo tres, pero tendría que subir al trastero a buscarlos.

5) ¿Sabes quién es Pikachu?
    a) Un pintor de hace siglos.
    b) Hombre, mi Pokémon favorito.
    c) El nombre de mis dos gatos (a uno le puse ese nombre y otro se llamaba así cuando lo adopté).
    d) Un juguete de Disney de esos.

6) ¿Te suena Shin-chan?
    a) Mi padre lo ha mencionado alguna vez.
    b) ¿Y a ti te suena el pan con Nocilla?
    c) Es el nombre de mi perro.
    d) Lo siento, no me gusta la comida china.

7) ¿Jugaste al *Final Fantasy VII*?
    a) Yo juego a lo que juegue Ibai.
    b) Ese juego marcó mi infancia.
    c) Muchas horas, mi personaje favorito era el que parecía un tigre.
    d) Nunca he sido de marcianitos.

8) ¿Viviste la dictadura de Franco?
    a) LOL. WTF.
    b) No, pero tuve un abuelo en cada bando.
    c) Vivo la dictadura del Perro Sánchez, que ya me basta.
    d) Y la de Primo de Rivera.

9) ¿En tu infancia tenías que ir al molino junto al río para moler el trigo?
    a) ¿En el *Minecraft*, dices?
    b) No, pero tenía que levantarme para cambiar de canal.
    c) Yo al río solo iba a pescar peces. Me flipan los peces.
    d) Y en mi juventud, madurez y vejez.

10) ¿Eres un australopiteco?
    a) Como me vuelvas a insultar, te funo.
    b) No, pero me encantaría ir a Sidney en alguna ocasión.
    c) No, pero tuve un chimpancé en casa durante muchos años.
    d) Para eso tendría que andar erguido.

MURCIA NO, MURCIA SÍ

Empezamos la sección de Murcia poniendo todas las cartas sobre la mesa ya desde el principio. En esta primera actividad tendrás que adivinar qué dos de los siguientes once personajes tienen la suerte de no ser de Murcia. ¡Adelante! (Aprovechamos este paréntesis para pedir disculpas por el juego de palabras del título; igual nos estamos metiendo demasiado en el papel con esto de hacer tantas actividades y no medimos las consecuencias).

Juan Soto Ivars ☐   Bárbara Rey ☐   Arturo Pérez-Reverte ☐

Carlos Alcaraz ☐   Xuso Jones ☐   TheGrefg ☐

Miguel Maldonado ☐   Ruth Lorenzo ☐

Blas Cantó ☐   Santi Rodríguez ☐

Jordi el Niño Polla ☐

TRADUCE LAS SIGUIENTES FRASES AL ESPAÑOL

¿Se te dan bien los idiomas? Esperemos que sí, porque para esta actividad tendrás que traducir al español estas frases escritas en murciano.

1) «Acho, estoy esmayao, dame algo aunque esté revenío».

2) «¡Zagal, que te den por retambufa!».

3) «Esta solanera me da mucha pesambre».

4) «¡Qué panzá de comer, pijo!».

5) «Ir a coscoletas es una chuminá».

1) « ....
.... ».

2) « ....
.... ».

3) « ....
.... ».

4) « ....
.... ».

5) « ....
.... ».

CHISTES DE MURCIANOS QUE YA
NO SE PODRÍAN HACER HOY EN DÍA

De los siguientes chistes de murcianos, hay varios que, en la actualidad,
ya no se podrían hacer. ¿Sabrías decir cuáles? ¡Adelante!

1) Un francés, un inglés y un murciano entran en un bar,
y el murciano los mata y después se suicida. ☐

2) Esto es un murciano trans que se mira al espejo justo al despertarse
de su operación de reasignación de género y le dice al médico:
«Idiota, te pedí que me cambiaras de nacionalidad, no de sexo». ☐

3) ¿Cuál es el colmo de un murciano? Que su hijo subnormal sea más listo que él. ☐

4) Esto es Jaimito que va a Murcia de vacaciones, y al cuarto
día les dice a sus padres: «Los murcianos son subnormales». ☐

5) ¿Cuántos murcianos se necesitan para cambiar una bombilla? Solo uno,
el encargado de llamar a alguien de otra localidad para que venga a hacerlo. ☐

6) Esto es un matrimonio murciano que llevan casados cuarenta y ocho años
y ya no se soportan, pero están aguantando hasta las bodas de oro para,
al día siguiente, separarse y quedarse con el oro. ☐

7) Se abre el telón y aparece un madrileño bailando con dos murcianos
encima de un carro. ¿Cómo se titula la película? *Bailando con bobos*. ☐

8) A un murciano se le aparece el genio de la lámpara y le dice: «Te concedo tres deseos».
El murciano los pide y, de pronto, la cara se le convierte en una manzana gigante,
empiezan a llover piedras y un gato con dos cabezas aparece ladrando y escupiendo
sangre. «Pero ¿qué has hecho?», se queja el murciano. «Si como primer deseo me
hubieras pedido aprender a hablar bien, no habríamos tenido este problema». ☐

9) ¿Cuál es el único motivo para que un murciano no entre en un bar?
Que sea su puesto de trabajo. ☐

10) ¿Por qué no hay ningún presidente del Gobierno que sea murciano?
Porque Murcia todavía está en la Edad Media. ☐

SOPA DE LETRAS MURCIANA

A continuación, tienes que encontrar palabras pronunciadas
por un habitante de Murcia en la siguiente sopa de letras.
Te deseamos mucha suerte porque, sinceramente, la vas a necesitar.

A	G	U	O	C	H	O	O	S	A	L	S	R	A	Y	G
E	C	H	O	C	O	R	B	A	T	L	O	C	F	L	R
E	E	E	E	E	E	E	E	E	E	E	E	E	P	I	R
S	R	W	Q	P	A	P	L	O	O	O	A	O	M	E	R
S	I	L	E	N	A	L	U	Z	P	C	I	O	V	A	R
E	P	A	N	T	F	S	U	B	I	R	O	U	M	O	R
S	A	C	H	I	I	I	O	O	O	M	A	R	Q	W	R
T	R	A	P	O	L	A	C	A	J	M	I	A	N	E	R
R	E	C	A	M	A	S	A	R	E	A	T	E	L	T	R
M	A	R	Y	E	C	H	E	C	H	E	C	H	O	R	R
S	A	L	I	P	E	J	C	U	E	Z	O	U	V	A	R
N	O	H	O	J	O	M	I	D	A	R	E	L	Ó	J	I
A	S	T	O	P	U	C	O	O	E	C	H	O	C	V	O
A	L	Ó	N	F	E	C	H	O	C	R	O	S	I	L	B
J	A	R	U	S	S	A	D	A	G	A	T	H	P	L	N

Número de palabras: 10

¿MURCIA O MARTE?

¿Te crees que sabes mucho de Murcia? Pues muy bien, ahora tendrás que demostrarlo.
En esta actividad debes indicar si las siguientes imágenes pertenecen a Murcia o a Marte.

1)
MURCIA I MARTE

2)
MURCIA I MARTE

3)
MURCIA I MARTE

4)
MURCIA I MARTE

5)
MURCIA I MARTE

6)
MURCIA I MARTE

¿QUÉ TITULARES DE EL MUNDO TODAY SON REALMENTE SOBRE MURCIA?

El Mundo Today tiene el honor de ser el medio que convirtió los chistes de Murcia en un meme. Desde su nacimiento, en 2009, la cantidad de los que se han hecho sobre esta región es enorme. De los siguientes quince titulares de El Mundo Today, hay cuatro que no son sobre Murcia. ¿Sabrías decir de cuáles se trata? A continuación, reescríbelos con la comunidad autónoma o el gentilicio que creas que es correcto.

«España intenta ceder Murcia al Reino Unido haciéndola pasar por Gibraltar».

«El Mobile World Congress de Murcia presenta el fuego».

«Los biólogos recomiendan a los murcianos que hablen un poco menos a las plantas».

«Uber abandona Murcia porque el mulo se niega a llevar a nadie».

«Unos padres de Murcia descubren que su hijo está apadrinado por una familia noruega».

«La NASA encuentra agua en Murcia».

«Pedro Sánchez declara que Murcia es "una mierda"».

«Ser murciano será ilegal a partir de octubre».

«Astrofísicos alertan de que la expansión del universo está dejando atrás Murcia».

«Un corte en el suministro eléctrico deja Murcia sin esas bolas mágicas que dan luz».

«Terror y desconcierto en Murcia ante la primera visita de una pelirroja».

«Murcia habilita un carril para vejestorios».

«Murcia celebra el día con coches».

«Un murciano aprende a hablar inglés».

«Una señora de Murcia cede y adopta el euro».

1) ....

2) ....

3) ....

4) ....

CREA TU PROPIO NOMBRE
DE MURCIANO

Para ser un murciano como Dios manda, lo primero que necesitas es tener un auténtico
nombre murciano. Por suerte, como has sido tan listo de comprar este cuaderno,
te brindamos la oportunidad de crear tu propio nombre de murciano. Une las columnas
y bautizate de una vez por todas como tal.

Encarnación	la Emperifollá	de la Molla
Salva	la Tuerta	de las Miajas
Concepción	el Bobón	de los Bambos Verdes
Juanete	la Follonera	que Chusmea
José Francisco	el Tontico	de las Lisiadas
Pepón	el Tontoelpijo	de los Porrazos
María Angelina	el Zurraspas	de los Paparajotes
Huguillo	el Comelimones	que se Come Zarangollos
Martín	el Hijo del Fulanito	con Cara de Pésoles
Martina	la Subnormal	de los Michirones

1) ....

2) ....

3) ....

4) ....

5) ....

6) ....

7) ....

8) ....

9) ....

10) ....

PON NOMBRE A LOS SIGUIENTES PRODUCTOS MURCIANOS

Algo muy importante de Murcia es su gastronomía. Aunque parezca increíble, se cultivan frutas, hortalizas y otros tipos de productos de gran calidad. ¿Serías capaz de identificarlos? Examina los siguientes dibujos y escribe debajo el nombre del producto.

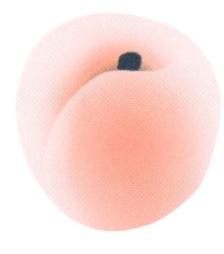

1) ....

2) ....

3) ....

4) ....

5) ....

6) ....

7) ....

8) ....

9) ....

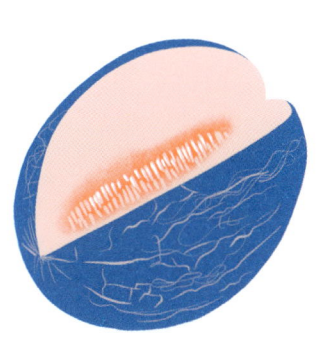

10) ....

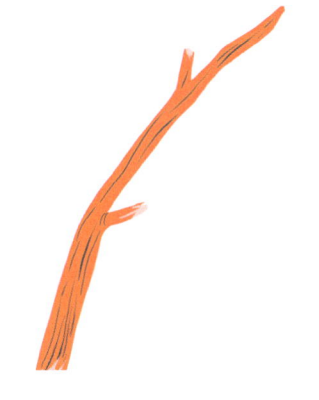

11) ....

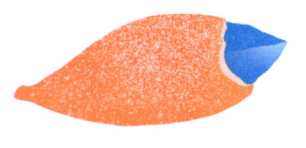

12) ....

13) ....

14) ....

15 ....

LOCALIZA LOS
PUEBLOS DE MURCIA

Ahora que ya tienes nombre murciano, seguramente te será mucho más fácil encontrar siete pueblos de Murcia en la siguiente lista. Si notas que tienes muchas dificultades, simplemente utiliza el sentido común. ¡Adelante!

FREGENAL DEL REY ☐

PUENTE TOCINOS ☐

LLANO DE BRUJAS ☐

SINAGUAPOTABLE ☐

EMPEDRADO DE PERRAS ☐

LA RAYA ☐

ROCA PARTIDA DEL NORTE ☐

LA CAGADA ☐

PUEBLO DE MIERDA ☐

EL MOJÓN ☐

LOS CONEJOS ☐

VIEJOSMUERTOS ☐

ALCANTARILLA ☐

ASCO Y PENA ☐

BAÑOS Y MENDIGO ☐

LOS INFIERNOS

TEST: ¿PODRÍAS CONSEGUIR LA NACIONALIDAD MURCIANA?

Una vez llegados hasta aquí, es el momento de someterte a la prueba de fuego.
A continuación, hemos preparado un examen para que puedas obtener la nacionalidad murciana.
Cada pregunta que aciertes es un punto, y necesitas siete para que te la concedan.
Lee bien las preguntas, piensa bien las respuestas y que Dios nos coja confesados.

1) ¿Cuántos habitantes tiene aproximadamente la Región de Murcia?

a) 2
b) 2.000.000
c) 1.000.000
d) 1.500.000

2) ¿Con cuál de estas ciudades está hermanada la capital de Murcia?

a) Murcia
b) Texas
c) El Cairo
d) Alburquerque

3) El pico de Los Obispos es el punto más alto de la Región de Murcia. ¿Qué altitud tiene?

a) 1.537 metros
b) 13 metros
c) 2.014 metros
d) 4.997 metros

4) ¿Qué partido político gobierna actualmente en la Región de Murcia?

a) Vox
b) PSOE
c) PP
d) Unidas Podemos

5) ¿Cuántos municipios tiene la Región de Murcia?

a) 45
b) 103
c) 60
d) 23

6) ¿Qué río atraviesa la ciudad de Murcia?

a) El Sil
b) El Segura
c) El Turia
d) El Nilo

7) ¿Cuáles son las dos primeras cifras del código postal de Murcia?

a) 99
b) 29
c) 08
d) 30

8) ¿Cómo se llama la catedral de Murcia?

a) Nuestra Señora del Paparajote
b) Santa María
c) Catedral de Santiago
d) San Dios

9) ¿En qué división militó el Real Murcia en la temporada 2024/2025?

a) Primera División
b) Segunda División
c) Primera Federación
d) Segunda Federación

10) Indica cuál es el plato típico de Murcia.

a) Queso manchego
b) Gazpacho
c) Patatas bravas
d) Mojama

→ **AYÚDANOS A REDACTAR UNA CARTA DE DISCULPA A LOS MURCIANOS** ←

En esta sección ha habido muchas actividades y comentarios desafortunados que no han gustado nada a los murcianos; de hecho, están muy enfadados. Por este motivo, para acabar, tu trabajo consistirá en ayudarnos a redactar una carta de disculpa con la que apaciguar los ánimos y evitar represalias. Escribe las palabras en el lugar correspondiente.

| ofender a los murcianos | en el caso de sentirse ofendido | de nada | inquebrantable |

| empezar a existir para el resto de España | pedirlas en caso de que alguien se haya sentido ofendido |

| nuestros chistes de los últimos años | nuestra intención que nadie se sintiera ofendido |

| pedir disculpas | alguien se ha podido sentir ofendido |

Queridos murcianos:

Desde El Mundo Today nos gustaría decir que, si ....

.... con las actividades y los comentarios vertidos en el apartado titulado

«Murcia» del cuaderno de actividades de El Mundo Today, ...

.... por la manera de aproximarse a los contenidos sobre la Región

de Murcia y de su capital, no era ....

.... Si hubiera que ...., nosotros seríamos los

primeros en ....

por nuestras palabras. Nuestro compromiso con Murcia es ....,

y nada está más lejos de nuestra intención que ....,

personas que, gracias a ...., han

conseguido visibilidad y ....

Por lo cual, con toda humildad, les damos un sincero «..».

INTENTA COMPRAR UN BILLETE DE TREN EN LA WEB DE RENFE

A medida que nos acercamos al final del cuaderno, la dificultad aumenta. Nunca hemos dicho que completar las actividades fuera algo fácil. En esta tendrás que enfrentarte a lo más difícil para cualquier español: comprar un billete de tren en la web de Renfe. ¡Mucha suerte! (Para esta actividad se necesita tener bastante honradez, pues si contestas mal alguna pregunta quedas eliminado y no deberías seguir).

1) El primer paso parece fácil, pero todo es susceptible de acabar mal a las primeras de cambio. ¿Cuál de las siguientes opciones eliges?

x

En Renfe utilizamos cookies propias y de terceros para analizar nuestros servicios y mostrarte publicidad relacionada con tus preferencias en base a un perfil elaborado a partir de tus hábitos de navegación (por ejemplo, páginas visitadas). Puedes configurar o rechazar las cookies haciendo clic en el botón "configuración de cookies"; también puedes aceptar todas las cookies y seguir navegando haciendo clic en "aceptar todas las cookies". Para más información puedes visitar nuestra política de cookies.

| Configuración de cookies | Permitir solo cookies técnicas | Aceptar todas las cookies |

⟶ Si has escogido «Configuración de cookies» o
«Permitir solo cookies técnicas», estás eliminado. Lo sentimos.
La web de Renfe se bloquea al seleccionar cualquiera
de las dos opciones. Si has optado por «Aceptar todas
las cookies», enhorabuena, pasas a la siguiente ronda.

2) Una vez dejado atrás el primer escollo, ahora es cuando empieza lo bueno. ¿Cuál es tu siguiente paso?

Trenes al mejor precio	**Renfe Viajes**

ORIGEN

....

DESTINO

....

FECHA IDA

.... / .... / ....

FECHA VUELTA

.... / .... / ....

PASAJEROS

1 adulto

% ¿Tienes un código promocional?

Buscar billete	**Más opciones**

⟶ Si le has dado a «Renfe Viajes», estás fuera. Se te abrirá una pestaña nueva en la que tienes que volver a aceptar cookies y en la que no está nada claro qué es lo que hay que hacer. Si has sido un idiota y has clicado «Más opciones», también has quedado eliminado, porque la web no soporta el despliegue de esa pestaña. Pero si has rellenado el origen, el destino y las fechas puedes pasar a la siguiente fase.

3) Vale, pongamos que quieres ir de A Coruña a Madrid, pues porque sí, porque todo el mundo quiere ir a Madrid. Digamos que estás dispuesto a viajar el 5 de agosto. ¿Cuál sería tu siguiente paso?

Trenes al mejor precio	Renfe Viajes

ORIGEN	DESTINO
A CORUÑA	**MADRID**

FECHA IDA	PASAJEROS
05/08/25	**1 adulto**

% ¿Tienes un código promocional?

◉ Viaje solo ida   ○ Viaje de ida y vuelta

AGOSTO 2025

Lun	Mar	Mié	Jue	Vie	Sáb	Dom
28	29	30	31	1	2	3
4	5	6	7	8	9	10
11	12	13	14	15	16	17
18	19	20	21	22	23	24
25	26	27	28	29	30	31

Buscar b   opciones

⟶ Si no has optado por marcar la casilla «Viaje de ida y vuelta», quedas eliminado. A no ser que tu intención sea quedarte a vivir para siempre en Madrid, algo que dudamos mucho en vista del precio de los alquileres, no puedes pasar de ronda. Pero, si has sido listo y has marcado esa opción, enhorabuena, puedes pasar a la siguiente fase.

---

4) Bienvenido a este nuevo paso. Aquí la cosa ya se pone seria. Pongamos que decidimos estar una semanita en Madrid en pleno mes de agosto. (Bueno, no sé, cada uno con sus cosas; aquí estamos para comprar billetes, no para disfrutar de las vacaciones). En el paso anterior has podido marcar la fecha de regreso. ¿Qué debes hacer a continuación?

Trenes al mejor precio	Renfe Viajes

ORIGEN

A CORUÑA

DESTINO

MADRID

FECHA IDA

05/08/25

FECHA VUELTA

12/08/25

PASAJEROS

Adultos   **- 1 +**
Mas de 13 años

Niños   **- 0 +**
De 0 a 13 años

Bebés / Niños   **- 0 +**
De 0 a 3 años gratis
Sin ocupar plaza

Cancelar

Listo

% ¿Tienes un código promocional?

Buscar billete	Más

⟶ ¡Eso es! Si viajas solo no pasa nada, pero si vas en pareja y no has optado por añadir pasajeros en esta pestaña, lo sentimos mucho, quedas eliminado.

5) Vale, has indicado el número de pasajeros, el origen, el destino y las fechas. ¿Ahora qué?

Trenes al mejor precio	**Renfe Viajes**

ORIGEN
A CORUÑA

DESTINO
MADRID

FECHA IDA
05/08/25

FECHA VUELTA
12/08/25

PASAJEROS
1 adulto

% ¿Tienes un código promocional?

Buscar billete	**Más opciones**

$\longrightarrow$ Esta era fácil. Solo tenías que darle a «Buscar billete».
Si no lo has hecho, sinceramente, no entendemos que hayas
llegado hasta este punto.

---

6) Parecía que todo sería coser y cantar a partir de aquí, ¿verdad? Pues al clicar «Buscar billete» te ha aparecido esta
ventana emergente. ¿A qué tienes que darle?

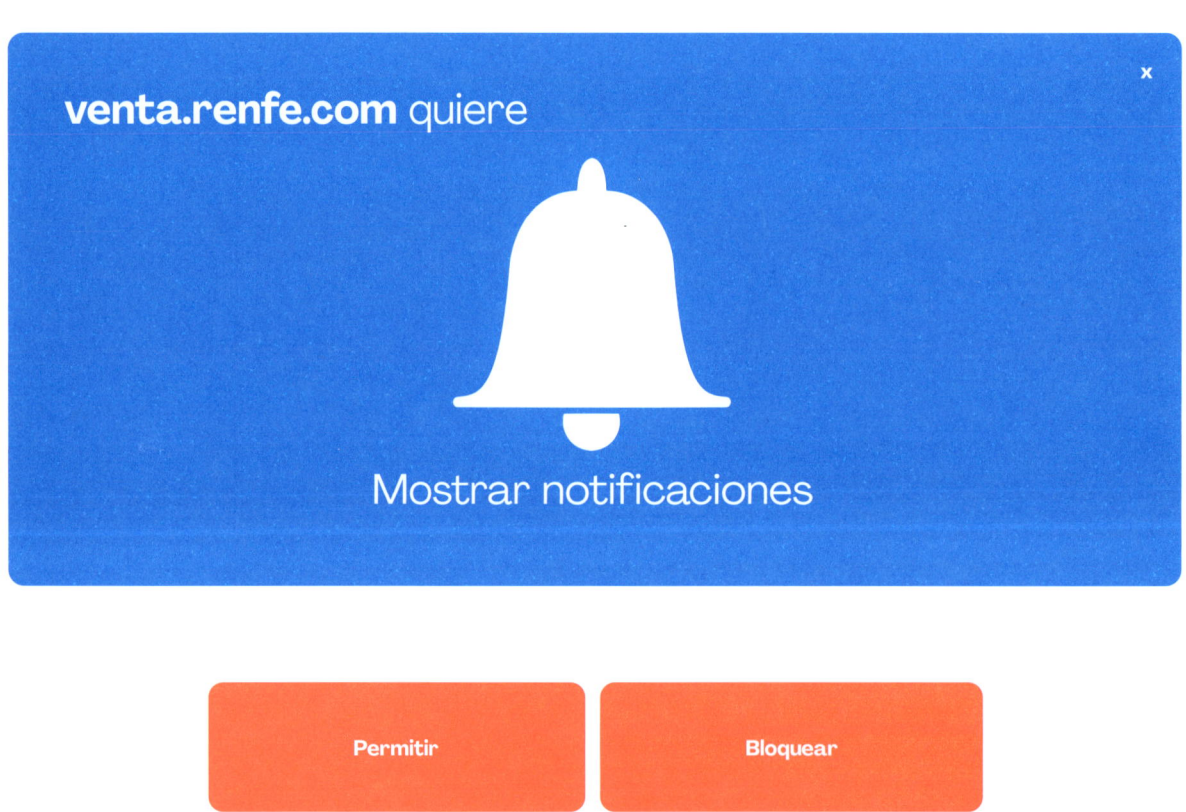

⟶ Si has elegido «Permitir», estás fuera. A partir de hoy y hasta el final de tus días la web de Renfe te enviará notificaciones constantemente, convirtiendo tu vida digital en un infierno del que te será imposible escapar. Si has optado por «Bloquear», enhorabuena, puedes avanzar hasta la siguiente ronda.

---

7) Pero, ojo, no debes confiarte nunca en la web de Renfe. Cuando parecía que todo seguiría avanzando, ves esto en la pantalla. ¿A qué le das?

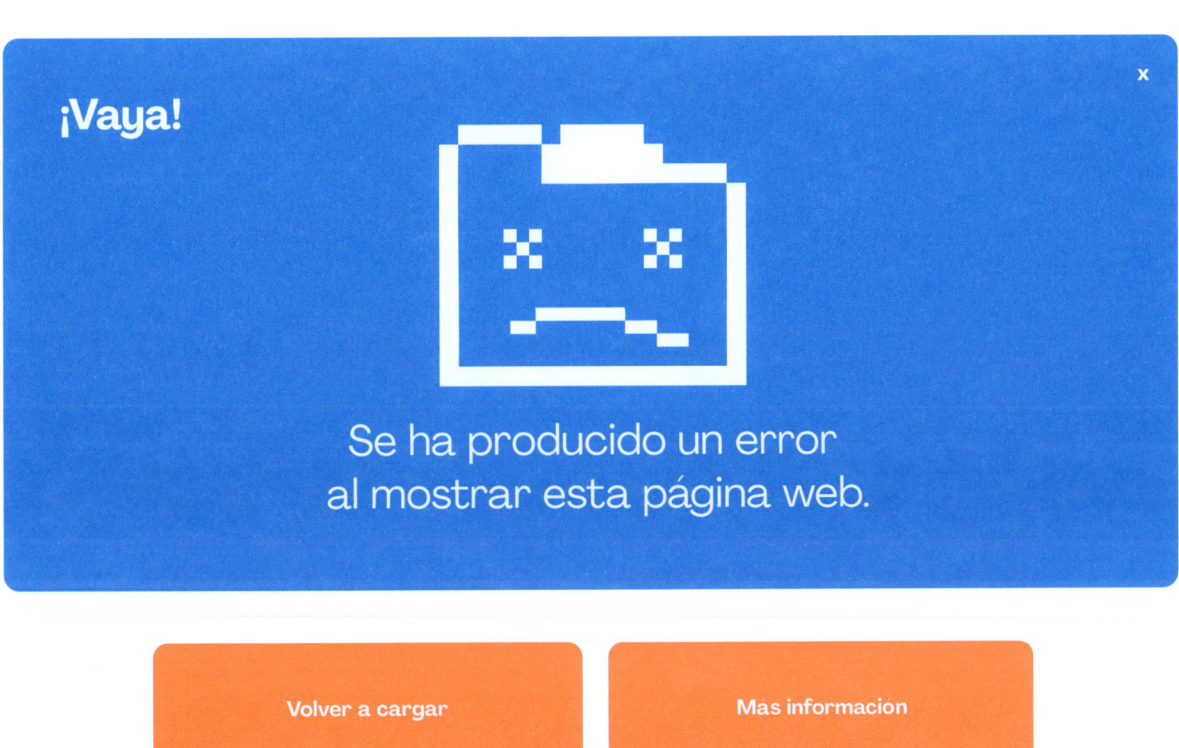

→ Si has elegido «Volver a cargar», debemos decirte que has tenido un golpe de suerte, porque puedes pasar a la siguiente ronda.

8) En teoría, ya solo te quedan cinco pasos para llegar al final. Esto parece que marcha. ¿Qué has de hacer a continuación?

VIAJE DE IDA	VIAJE DE VUELTA

ORIGEN: **A CORUÑA**   DESTINO: **MADRID**

Sáb 02	Dom 03	Lun 04	**Mar 05**	Mié 06	Jue 07	Vie 08

15:10 h   →   **18:40 h**

Solo plaza H disponible

68,00 €

Más opciones

⟶ Lo sentimos, esta era una pregunta trampa. A no ser que seas una persona con discapacidad, si has optado por seleccionar el billete de 68 € quedas fuera porque, si te fijas, pone que «solo plaza H disponible». En caso de que hayas optado por buscar más opciones, enhorabuena, sigues con nosotros.

9) Vale, hemos seleccionado la opción más barata. Al hacerlo sale la siguiente ventana. ¿Cuál eliges?

Básico   29,60 €

- Permite 1 cambio hasta 24 horas antes (10 € + diferencia de precio)
- Cambio de titular con coste
- No reembolsable
- Equipaje: hasta 3 bultos (máx. 25 kg)
- Con cambios y anulaciones

Elige   39,50 €

- Un cambio gratuito, los siguientes a 10 €
- Cambio de titular con coste
- Cambio por pérdida de tren con coste
- Reembolsable 70 %
- Equipaje: hasta 3 bultos (máx. 25 kg)

Elige Confort 39,40 €

- Asiento extragrande
- Un cambio gratuito, los siguientes a 10 €
- Reembolsable 70 %
- Cambio de titular con coste
- Cambio por pérdida de tren con coste
- Equipaje: hasta 3 bultos (máx. 25 kg)

Premium   58,40 €

- Asiento extragrande Confort
- Cambios gratuitos ilimitados, puente AVE, cambio por pérdida de tren, cambio de titular gratuito
- 100 % reembolsable hasta 7 días, después 95 %
- Selección de asiento, acceso a salas club y restauración de la plaza
- Equipaje: hasta 3 bultos (máx. 25 kg)

⟶ Si no has elegido «Básico», estás fuera. Ni la web de Renfe ni tu bolsillo pueden soportar que se marquen las opciones «Elige Confort» o «Premium». Quedas eliminado.

10) Una vez que has pulsado la opción «Básico», se despliega la siguiente ventana. ¿Qué opción eliges para seguir adelante?

x

Tu billete Básico NO permite cambios ni reembolso.

Conviértelo en Elige por 9,90 € y disfruta de estos extras:

Cambia tu billete de forma gratuita.

Solo abonarás la diferencia de precio de billete.

Anula tu billete y recupera el 70 % del importe.

No, quiero continuar con Básico.

¡Cambio a Elige!

☐ No volver a mostrar

→ Esta no era fácil. Aquí tenías que hacer dos cosas: marcar la casilla «No volver a mostrar» y, después, clicar en «No, quiero continuar con Básico». Si has cometido el error de darle a «¡Cambio a Elige!» o no has marcado «No volver a mostrar», lo sentimos, pero has caído justo al final.

La página no responde

La página siguiente no responde.
Puedes cerrarla o esperar a que responda.

Cerrar	Esperar

Antes de poder seleccionar el billete de vuelta, la web de Renfe siempre se cae y has de ir a una estación y comprar el billete en persona. Pero aquí lo importante es que has llegado lo más lejos que se puede llegar, así que te damos la enhorabuena y te animamos a pasar con una sonrisa a la siguiente actividad.

SAL DE LA ZONA CENTRO DE
MADRID CON TU COCHE CONTAMINANTE

Los avances tecnológicos tienen un peaje: la gente que se queja de la contaminación.
En este laberinto tendrás que desplegar toda tu habilidad para sacar tu coche contaminante
de la zona centro de Madrid antes de que te multen.

ENCUENTRA EL EMOJI GUIÑADOR

¿Te crees que sabes mucho de tecnología?
Pues muy bien, ha llegado la hora de demostrarlo. Encuentra el emoji
que te guiña el ojo entre todos los sonrientes.

UNIFICA LAS DISTINTAS
FUERZAS DE LA FÍSICA

En esta actividad tendrás que unificar las cuatro fuerzas de la física,
de manera que no entren en contradicción ni con la física clásica ni con la física cuántica.
Te recordamos cuáles son para que te sea más fácil: gravitatoria, nuclear débil,
nuclear fuerte y electromagnética. ¡Mucha suerte y adelante!

ENCUENTRA LAS SIETE DIFERENCIAS

En estas dos imágenes hay dos robots que, a priori, pueden parecer iguales, pero entre ellos hay siete diferencias. ¿Serías capaz de encontrarlas?

1) ....

....

2) ....

....

3) ....

....

4) ....

....

5) ....

....

6) ....

....

7) ....

....

LANZA TU PROPIA BOMBA ATÓMICA

La tecnología ha avanzado tanto que ya podría destruirnos.
Eso es algo que puede pasar en cualquier momento, incluso ahora mismo, mientras haces este cuaderno de actividades. El mayor invento de la historia es la bomba nuclear, porque sin ella ya estaríamos todos muertos. Así que, a continuación, tendrás que acertar el número de víctimas mortales que provocarían estas bombas nucleares al ser lanzadas en las siguientes ciudades.

1) Un arma nuclear táctica de 15 kt en la calle Génova de Madrid.

    a) 1.002.367
    b) 1.500
    c) 65.939
    d) 560.987

2) Una bomba H de 240 kt en la Sagrada Familia de Barcelona.

    a) 293.039
    b) 2.550
    c) 2.452.766
    d) 756.991

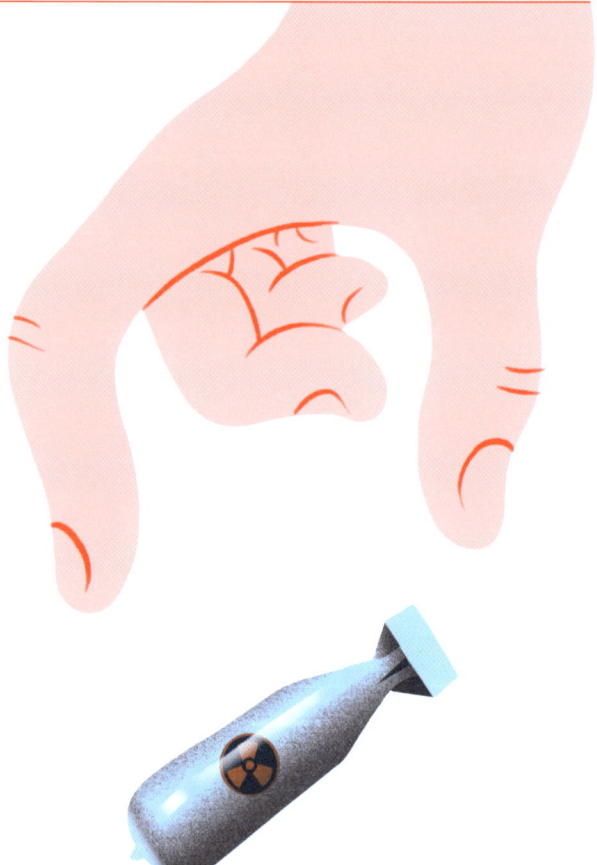

3) Una bomba W-87 de 300 kt en la Casa Blanca de Washington D. C.

    a) 1.865.887
    b) 309.534
    c) 25.611
    d) 5.002.644

4) Una bomba del Zar de 50.000 kt en la Bolsa de Nueva York.

    a) 6.130.230
    b) 4.999.761
    c) 759.876
    d) 1.566.554

5) Una bomba del Zar de 50.000 kt en Murcia.

    a) 0
    b) 90.776
    c) 876.911
    d) 429.031

INVENTA TU PROPIA EXCUSA
PARA NO RECICLAR

La tecnología crea residuos y para que estos no contaminen hay que reciclar, algo muy molesto porque te hace perder unos treinta segundos al día y te obliga a tener al menos cuatro contenedores de basura en casa, con todo el espacio que eso ocupa. Por suerte, gracias a esta actividad, podrás inventar tu propia excusa para no reciclar: para ello, une las siguientes columnas.

Yo no reciclo porque	mis padres son hermanos y, además,	luego lo mezclan todo, que lo vi en TikTok.
Yo jamás he reciclado porque	no soy una persona nada inteligente y, además,	ya vamos tarde y no hay nada que hacer, así que mejor no complicarse la vida.
Yo he dejado de reciclar porque	doy vergüenza ajena, no me entero de nada y, además,	los que tienen que reciclar son las grandes empresas, son ellas las que contaminan y no yo.
Reciclar es una tontería porque	soy un egoísta insensato y, además,	es todo un invento de las élites para torturarnos con sus tapones unidos a las botellas.
Nadie debería reciclar porque	soy muy vago y muy tonto, pero, además,	cuando la situación sea insostenible Dios lo arreglará todo.
Solo los idiotas reciclan porque	soy gilipollas y muy fácilmente manipulable y, además,	ya tengo una edad y no me importa lo que les pase a los que se queden en el planeta.
Prefiero contaminar a reciclar porque	soy la persona más ignorante del mundo y, por si fuera poco,	los padres de Greta Thunberg se hicieron multimillonarios con lo del cambio climático.

1) ....
2) ....
3) ....
4) ....
5) ....
6) ....
7) ....

¿QUÉ NO INVENTÓ STEVE JOBS?

Steve Jobs ha sido el mayor genio que ha dado el género humano. Este hombre revolucionó el mundo con su capacidad para ver el talento en los demás y apropiárselo para su propio beneficio económico. Muy pocas personas han conseguido cambiar tanto el mundo como él, pero su figura sigue siendo muy desconocida. ¿Serías capaz de señalar cuáles de los siguientes inventos no fueron idea de Steve Jobs? ¡Adelante!

El ordenador ☐

La letra «r» ☐

Dormir solo cuatro horas al día ☐

Limpiarse el culo de delante hacia atrás ☐

El teléfono inteligente ☐

La rueda ☐

La siesta de antes de comer ☐

Los *burpees* ☐

El *streaming* ☐

El televisor inteligente ☐

La quimioterapia ☐

Pixar ☐

Morder manzanas ☐

La tablet ☐

La paella con chorizo ☐

El balón de baloncesto ☐

APRENDE A USAR TU IMPRESORA CANON PIXMA TS3350

A medida que nos acercamos al final, la dificultad de las actividades se incrementa. Solo los mejores podrán completar con éxito esta, ya que es para gente muy experta en tecnología. Nada es más complejo en el mundo tecnológico que una impresora. Pues bien, ¿sabrías cómo usarla? ¡Sigue las instrucciones!

1) En primer lugar, extrae el producto de la caja y retira la cinta de seguridad naranja y el material protector. Acto seguido, conecta el cable de alimentación y enciende la impresora.

2) A continuación, puedes instalar los depósitos de tinta. Abre la cubierta de la impresora y, sin tocar los soportes de la tinta, espera a que dejen de moverse. Coge un cartucho de tinta y, con mucho cuidado, quítale el plástico protector. No toques la parte de la tinta. Instala los cartuchos de colores a la izquierda y el cartucho de tinta negra a la derecha. Empújalos suavemente hasta que oigas un clic. Vuelve a cerrar la cubierta.

3) Ahora la impresora está lista para conectarse. Debes instalar el driver más reciente. Dirígete a la pestaña «Controladores» para ver los drivers disponibles que son fundamentales para imprimir desde un equipo. Descárgate el programa de la impresora en el ordenador e instálalo. Lee y acepta los términos de usuario. Espera a que tu ordenador reconozca la impresora Canon Pixma TS3350.

4) En tu ordenador, abre el documento que quieres imprimir. Clica «Imprimir». Verás que no encuentra la impresora. Apaga el ordenador y la impresora y vuelve a encenderlos. Vuelve a darle a «Imprimir». Verás que ahora la impresora imprime dos veces el documento, aunque con la tinta medio borrada y las líneas torcidas.

5) Vuelve a apagar el ordenador y la impresora, pero ahora dales unos leves golpecitos. Enciéndelos de nuevo. Abre el documento y dale de nuevo a «Imprimir». Verás que el ordenador no reconoce la impresora y que se ha conectado con la del trabajo.

6) Explícale a Pura, la de Administración, que ha sido un error y que no estás en la oficina, que estás en casa tratando de imprimir un documento con tu nueva impresora. Que no se preocupe, que puede desconectar la impresora y usarla ella.

7) Llama al servicio técnico de Canon para que te ayuden. Trata de convencer al ordenador que te responde de que te ponga en contacto con una persona. Insístele en que necesitas hablar con un ser dotado de inteligencia emocional para poder solucionar tu problema.

8) Ahora que estás hablando con una persona, vuelve al paso 1). Hasta que llegues al 8), no pases al 9).

9) Vale, ahora te han puesto con el especialista en impresoras. Explícaselo todo otra vez. Dile que has hecho todo lo que se te indica pero que, al intentar imprimir, la impresora no responde.

10) Llegados a este punto, el experto te dirá algo que muy poca gente sabe: «Las impresoras no funcionan, son unos aparatos que se venden con los ordenadores pero que no tienen ninguna utilidad real. Si quieres imprimir un documento de tu ordenador, lo que tienes que hacer es comprarte una máquina de escribir y mecanografiar lo que hay escrito en la pantalla».

¿INTELIGENCIA ARTIFICIAL O FAMOSO?

Ha llegado la hora de la verdad. Si realmente te crees tan experto en tecnología, podrás distinguir si las siguientes frases las dijo una inteligencia artificial o una persona famosa. Para completar con éxito la actividad, no podrás equivocarte ni una sola vez.
(Ya, nos hemos venido muy arriba justo al final).

1) «El que defiende la libertad y la economía es un peligroso neoliberal, pero el que defiende el control totalitario sobre la vida de las personas es un progresista muy moderno. Y este es el país en el que vivimos».
ISABEL DÍAZ AYUSO   I IA

2) «Si no existiera el café, no existiría la humanidad. Yo lo tengo claro».
PABLO MOTOS   I IA

3) «Creo que los árboles están conspirando para robarnos la internet, pero solo lo hacen durante la siesta de los lunes».
YOLA BERROCAL   I IA

4) «El futuro de España está en las cabras, porque, si ellas suben las montañas, nosotros también podremos alcanzar las cumbres del progreso».
MARIANO RAJOY   I IA

5) «Yo creo que el Sol es un punto de encuentro entre los planetas y la Luna, pero a veces pienso que la Luna tiene sus propios planes y se está haciendo la interesante, como cuando alguien en una reunión no para de mirarte y luego te dice que no te ha visto».
COTI   I IA

6) «Si las vacas pudieran jugar al fútbol, seguro que serían más rápidas que algunos defensas... y, además, tendríamos partidos con más goles, porque ellas siempre van al grano».
JOAQUÍN EL DEL BETIS   I IA

7) «Si todos los árboles pudieran votar, estoy seguro de que elegirían un Gobierno más verde, pero siempre con el respeto a las raíces del pasado».
PEDRO SÁNCHEZ   I IA

8) «Estamos en la era de la modernidad, en la era de la ciencia... y de la ciencia ficción».
PEDRO SÁNCHEZ   I IA

9) «Si los dinosaurios hubieran existido hoy, habrían sido perfectamente capaces de escribir un ensayo sobre la decadencia de la civilización, pero seguro que lo habrían hecho en Twitter y con faltas de ortografía».
ARTURO PÉREZ-REVERTE   I IA

10) «Los ciclistas son los nuevos kamikazes de la carretera».
ESPERANZA AGUIRRE   I IA

TEST: ¿QUÉ APOCALIPSIS ERES?

No hay mejor manera de llegar al final de este cuaderno que con un apocalipsis.
Ahora que ya has demostrado todos tus conocimientos en nueve apartados diferentes,
es hora de que descubras qué apocalipsis te corresponde según tu personalidad
y acabes este viaje conociéndote mejor. Responde a estas diez preguntas y comprueba
qué clase de persona eres realmente. ¡Mucha suerte!

1) ¿Qué eras en el instituto?

    a) Nerd.
    b) Empollón.
    c) Alternativo.
    d) Graciosillo.

2) ¿Adónde te irías de vacaciones?

    a) De crucero.
    b) A Ucrania.
    c) A internet.
    d) A Marte.

3) ¿Cuál sería tu animal de compañía ideal?

    a) Oso polar.
    b) Cucaracha.
    c) El Clip de Word.
    d) Baby Yoda.

4) ¿Qué harías en Acción de Gracias?

    a) Generar muchos residuos.
    b) Cenar en un búnker.
    c) Hablar por videollamada con mis familiares.
    d) Quejarme de la humanidad en X (antes Twitter).

5) En una cita a ciegas, llegas un poco tarde y en el establecimiento ves a una persona sorprendentemente atractiva sentada sola y a otra persona fea y plagada de verrugas sentada sola. ¿Qué harías?

    a) No hago absolutamente nada.
    b) Lanzo una bomba de humo y me voy.
    c) Jamás tendría una cita a ciegas.
    d) Me voy con la persona plagada de verrugas.

6) ¿Qué harías si llevaras brackets y te encontraras a esa persona que tanto deseabas ver?

    a) Nunca me pondría brackets, simplemente esperaría a que los dientes. se alinearan de puro milagro.
    b) Le doy una paliza para que no recuerde haberme visto.
    c) Hago que la cancelen en redes.
    d) Le digo que soy un extraterrestre.

7) Cuando llegas tarde al trabajo...

    a) Culpo a las grandes empresas.
    b) Amenazo de muerte a todos los conductores de la carretera.
    c) Me quejo amargamente en las redes sociales.
    d) Me justifico diciendo que me ha abducido un extraterrestre.

8) ¿Qué haces si te encuentras un maletín lleno de dinero en la calle?

    a) Tiro el maletín al contenedor de plástico y los billetes al contenedor de papel.
    b) Le compro armas a España.
    c) Lo invierto en bitcoin.
    d) Lo invierto en convertirme físicamente en un alienígena.

9) ¿Qué es lo último que haces antes de irte a la cama?

    a) Me doy una ducha caliente de una hora.
    b) Pongo mi revólver debajo de la almohada.
    c) Le doy las buenas noches a Alexa.
    d) Me coloco un gorro de papel de aluminio en la cabeza.

10) ¿Cuál es tu película favorita?

    a) *El día de mañana.*
    b) *¿Teléfono rojo? Volamos hacia Moscú.*
    c) *Terminator.*
    d) *Independence Day.*

SOLUCIONES

CAPTCHA

1, 2, 3, 4, 5 y 6 (para los ciclistas, todos los semáforos están en verde).

CULTURA

UNE EL ESPÓILER CON LA SERIE
(CUIDADO, CONTIENE ESPÓILERS)

·Mueren todos menos el enano: *Juego de tronos*.
·A partir de la tercera temporada es una mierda sin sentido: *Perdidos*.
·Al final gana Elon Musk: *Succession*.
·La serie acaba sobrevaloradísima: *Breaking Bad*.
·Los protagonistas se van todos a la BBC: *El Ministerio del Tiempo*.
·La realidad acaba plagiando a la serie: *El cuento de la criada*.
·Un montón de idiotas idolatrando a un asesino: *Narcos*.
·Con suerte terminará en república: *The Crown*.
·Al final acaba siendo justo lo que parodiaba al principio: *Los Simpson*.
·Empiezan robando un banco y acaban robándole el tiempo a millones de espectadores: *La casa de papel*.
·Todo es un sueño de Resines: El mundo desde 2020.

¿SABES VESTIRTE COMO
UN AUTÉNTICO CULTURETA?

Monóculo (1,7), fular (2,5), pipa (3,2), copa de brandi (0,4), batín (0,7), sombrero de copa (1,3), tirantes (0,2)

ENCUENTRA LAS SIETE DIFERENCIAS

1) Simba ha hecho miles de millones de dólares. Kimba, no.
2) El malvado tío de Simba tiene una cicatriz en el ojo izquierdo, mientras que el tío malvado de Kimba, más que una cicatriz, lo que tiene es el ojo izquierdo cerrado.
3) Kimba habla con su madre en el cielo estrellado, mientras que Simba lo hace con su padre. Es muy diferente.
4) Simba es marrón y Kimba es blanco. Nada que ver.
5) El mono guía espiritual de Simba tiene la nariz mucho más chata que el mono guía espiritual de Kimba.
6) El pájaro ujier de Simba es de un color muy diferente al de Kimba.
7) Simba está mucho mejor dibujado que Kimba.

ADIVINA LA CANCIÓN

1) «Torero», de Chayanne.
2) «Alejandro», de Lady Gaga.
3) Himno de España.
4) «Gasolina», de Daddy Yankee.
5) *Obertura 1812, op. 49*, versión coral, de Piotr Ilich Chaikovski.

QUIÉN DIJO QUÉ

1) b; 2) c; 3) b; 4) a; 5) b; 6) c; 7) a; 8) a; 9) c; 10) a

TITULARES DE PRENSA
REALES O DE EL MUNDO TODAY

Reales: 1), 4), 6), 7), 10), 11), 13), 14), 16), 18), 20)
El Mundo Today: 2), 3), 5), 8), 9), 12), 15), 17), 19), 21)

SOPA LETREADA

Las palabras son aliade, alienada, mansplaining, manspreading, retweet, pollavieja, terfa, Javis, deconstrucción, cancelado, señoro, ecofeminismo, cocacoling, Barbie, Oppenheimer.

	M	A	N	S	P	R	E	A	D	I	N	G	
				C	O	C	A	C	O	L	I	N	G
				A					T				
	J	A	V	I	S		L		S		E		B
				I	E		L		E		R		A
				A	Ñ		O		F		F		R
C	A	N	C	E	L	A	D	O			A		B
					E		R						I
R	E	T	W	E	E	T		O					E
				M	A	N	S	P	L	A	I	N	I	N	G
E	C	O	F	E	M	I	N	I	S	M	O		
D	E	C	O	N	S	T	R	U	C	C	I	O	N
				P	O	L	L	A	V	I	E	J	A
A	L	I	E	N	A	D	A						
		O	P	P	E	N	H	E	I	M	E	R	

TEST: CUÁN CULTURETA ERES

·Si la mayoría de tus respuestas han sido la letra a), enhorabuena, eres todo un culturera.
·Si has elegido mayoritariamente la b), no te preocupes; podrías hacerte pasar por culto, aunque realmente no lo eres.
·Si has optado más por la letra c), hemos de decirte que eres un ignorante.
·Si la mayoría de las respuestas corresponden a la letra d), pues, mira, da igual lo que te digamos aquí porque no creemos ni que sepas leer.

SOCIEDAD

COMPLETA LAS FRASES DE MARIANO RAJOY

•«Hay que fabricar máquinas que nos permitan seguir fabricando máquinas, porque lo que no va a hacer nunca la máquina es fabricar máquinas».

•«Los chuches, nos suben hasta el IVA de los chuches».

•«Lo que nosotros hemos hecho, cosa que no hizo usted, es engañar a la gente».

•«¿Ustedes piensan antes de hablar o hablan tras pensar?».

•«Haré todo lo que pueda y un poco más de lo que pueda, si es que eso es posible, y haré todo lo posible e incluso lo imposible, si también lo imposible es posible».

•«ETA es una gran nación».

•«Todo su proyecto político se resume en una máxima: cuanto peor mejor para todos y cuanto peor para todos mejor, mejor para mí el suyo. Beneficio político».

•«Es el alcalde el que quiere que sean los vecinos el alcalde».

•«Dije que bajaría los impuestos y los estoy subiendo».

•«Es que no es lo mismo que gobierne uno que que gobierne otro, no es lo mismo; dicho de otra forma, es muy distinto».

•«Una cosa es ser solidario y otra cosa es serlo a cambio de nada».

•«Me gustan los catalanes porque hacen cosas».

•«A veces lo mejor es no tomar decisiones, y eso en sí es una decisión».

•«Los españoles son muy españoles y mucho españoles».

•«Somos sentimientos y tenemos seres humanos».

•«*It's very difficult* todo esto».

•«Fin de la cita».

ADIVINA LA IDEOLOGÍA DE ESTOS BIGOTES

1. Bigote de Aznar: de derecha moderada
2. Bigote de Stalin: comunista
3. Bigote de Emiliano Zapata: socialista
4. Bigote de Hitler: de extremo centro
5. Bigote de Dalí: narcisista
6. Bigote de Freddy Mercury: eeeeeeeooooo eeeeeeeoooooooooo
7. Bigote de Frida Kahlo: feminista
8. Bigote de Groucho Marx: marxista
9. Bigote de Nietzsche: nihilista
10. Bigote perfilado: nostálgico

RELACIONA A CADA LÍDER DE LA ULTRADERECHA CON SU PELO

1. Isabel Díaz Ayuso
2. Giorgia Meloni
3. Boris Johnson
4. Nayib Bukele
5. Javier Milei
6. Björn Höcke
7. Jaroslaw Kaczynski
8. Donald Trump
9. Marine Le Pen
10. Geert Wilders

PALABRAS QUE, DESGRACIADAMENTE, HOY EN DÍA YA NO SE PUEDEN DECIR

Las palabras son nigger, maricón, travelo, subnormal, malfollada, moro, negrata, facha, retrasado, gordo, discapacitado, calvo, pichacorta, enano, perro.

S	U	B	N	O	R	M	A	L					
					N	E	G	R	A	T	A		
N	I	G	G	E	R						E		
		T	R	A	V	E	L	O			N	G	
P				C							D		
E	D	I	S	C	A	P	A	C	I	T	A	D	O
R				L							N	R	
R				V							O	D	
O	M	A	L	F	O	L	L	A	D	A	O		
M													
O	R	E	T	R	A	S	A	D	O				
R						F	A	C	H	A			
O	P	I	C	H	A	C	O	R	T	A			
		M	A	R	I	C	O	N					

EL CRUCIGRAMA DE LAS TRAMAS DE CORRUPCIÓN ESPAÑOLAS

1 horizontal) Bankia
1 vertical) Bárcenas
3) Minutas
4) Fitur
5) Gürtel
6) Filesa
7) Púnica
8) Nóos
9) Malaya
10) Lezo
11) ERES Andalucía
12) Epsilon
13) Tres per cent
14) Castor
15) Acuamed

IDENTIFICA AL NAZI

1): a)
2): c)
3): b) (el cabeza rapada es un nostálgico; el nazi es el gato)
4): a) (los presentadores de pódcast de entrevistas solo dicen lo que nadie se atreve a decir, mientras que las mujeres que luchan por sus derechos son unas feminazis)
5): a), b) y c)

UNE LA ONG CON LA EXCUSA
PARA NO COLABORAR CON ELLA

•Cruz Roja: sangre no puedo, pero si necesitáis donantes de semen vengo cargadito.

•Médicos Sin Fronteras: mi psicóloga me ha dicho que tengo que aprender a marcar límites, así que no creo que pueda colaborar con una ONG como la vuestra.

•Acnur: de acuerdo, en cuanto dejéis de blanquear el genocidio os juro que os dono algo.

•Oxfam Intermón: existís desde 1942 y el mundo sigue lleno de pobreza. Lo siento, pero prefiero colaborar con una ONG más competente.

•Unicef: soy del Real Madrid, no pienso daros ni un céntimo.

•Asociación Española contra el Cáncer: lo siento, pero no me gustan los enfrentamientos, creo que hay que entender a todas las partes.

•Cáritas: he estado en el Vaticano, yo debería estar pidiéndoos dinero a vosotros y no al revés.

•Save The Children: perdona, tengo prisa. Además, ni sé inglés ni me gustan los niños.

•Manos Unidas: así es como se propagan las pandemias, prefiero mantenerme al margen.

•Acción contra el Hambre: ¿habéis probado las palmeras de chocolate? Nada sacia más que eso.

TEST: CULTURA POLÍTICA

1) c; 2) a; 3) d; 4) b; 5) b; 6) a; 7) d; 8) d; 9) c (nosotros habíamos sacado papel); 10) b

MATEMÁTICAS

AYUDA A ÓSCAR PUENTE A
HALLAR LA RESPUESTA

1) No se cruzan en ningún momento porque, debido a un incidente ajeno a la compañía, los dos trenes han tenido que ser cancelados.

2) 68,15 €.

3) 23 veces.

4) Ningún tren sale jamás de Extremadura. No llegan nunca a Madrid.

COMPLETA LOS PRESUPUESTOS
GENERALES DEL ESTADO

•171.000 millones: pensiones

•1.500 millones: cultura

•5.000 millones: educación

•14 millones: Broncano

•65.000 €: toros

•8,4 millones: Casa Real

•7,6 millones: cocaína para los diputados

•800 millones: Falcon

•144 €: suscripción de Pedro Sánchez a *El País*

•24 millones: los de la ceja

ADIVINA EL NÚMERO
EN EL QUE ESTAMOS PENSANDO

El 327.

SOPA DE NÚMEROS

Las cifras son 243.700.000.000, 180.500.000.000, 197.000.000.000, 189.700.000.000, 174.700.000.000, 149.900.000.000, 137.200.000.000, 136.100.000.000, 130.400.000.000, 122.500.000.000, 131.400.000.000, 89.800.000.000, 12.556, 9.290, 517.

		8	9	8	0	0	0	0	0	0	0	0	
	1	3	0	4	0	0	0	0	0	0	0	0	5
		1	4	9	9	0	0	0	0	0	0	0	1
1	3	7	2	0	0	0	0	0	0	0			7
1		1	3	1	4	0	0	0	0	0	0	0	
2		1	7	4	7	0	0	0	0	0	0	0	
5		1	9	7	0	0	0	0	0	0	0	0	
5		1	8	9	7	0	0	0	0	0	0	0	
6													
	1	3	6	1	0	0	0	0	0	0	0	0	
	2	4	3	7	0	0	0	0	0	0	0	0	
	1	2	2	5	0	0	0	0	0	0	0		
1	8	0	5	0	0	0	0	0	0	0	0		
				9	2	9	0						

¿HAY PAN PARA TANTO CHORIZO?

No, no hay pan para tanto chorizo.

ENCUENTRA LA DIFERENCIA

La diferencia es de 3,26 € (dos naranjas valen 1,24 € y un zumo de naranja recién exprimido vale 4,50 €).

PROBLEMA MATEMÁTICO DEMASIADO DIFÍCIL
PARA TI

Que le preguntes a tu hijo, en serio, nosotros tampoco tenemos ni idea.

SUDOKUS PARA GENTE DE LETRAS

4	3	1	9	5	8	7	6	2
6	9	2	4	1	7	3	5	8
7	5	8	2	6	3	1	4	9
9	2	3	6	7	5	8	1	4
1	6	7	8	9	4	2	3	5
5	8	4	3	2	1	9	7	6
3	4	9	7	8	6	5	2	1
8	7	5	1	4	2	6	9	3
2	1	6	5	3	9	4	8	7

4	3	1	9	5	8	7	6	2
6	9	2	4	1	7	3	5	8
7	5	8	2	6	3	1	4	9
9	2	3	6	7	5	8	1	4
1	6	7	8	9	4	2	3	5
5	8	4	3	2	1	9	7	6
3	4	9	7	8	6	5	2	1
8	7	5	1	4	2	6	9	3
2	1	6	5	3	9	4	8	7

4	3	1	9	5	8	7	6	2
6	9	2	4	1	7	3	5	8
7	5	8	2	6	3	1	4	9
9	2	3	6	7	5	8	1	4
1	6	7	8	9	4	2	3	5
5	8	4	3	2	1	9	7	6
3	4	9	7	8	6	5	2	1
8	7	5	1	4	2	6	9	3
2	1	6	5	3	9	4	8	7

CALCULA EL PRECIO QUE DEBERÍA TENER ESTE LIBRO
12,90 €

TEST: ¿QUÉ SÍMBOLO MATEMÁTICO ERES?
•Si la mayoría de tus respuestas se corresponden con la letra a), eres la suma.
•Si has elegido más veces la opción b), eres la resta.
•Si la opción que más has elegido es la c), eres la multiplicación.
•Si has optado sobre todo por la d), eres la división.
Esto es matemáticas, amigo, todo encaja a la perfección. No hay sorpresas.

GEOGRAFÍA

COLOREA EL MAPA

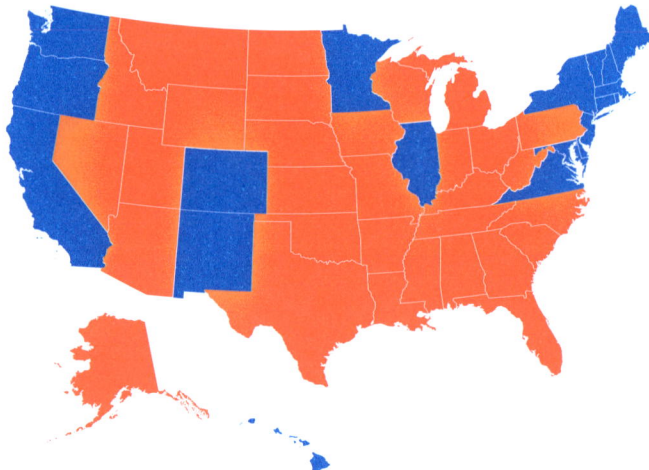

COMPLETA ESTOS CHISTES REGIONALES CON UN GENTILICIO
1) gallegos; 2) catalán; 3) murciano; 4) andaluces; 5) vasco; 6) argentino; 7) asturiano; 8) madrileños; 9) valencianos; 10) aragoneses; 11) extremeño; 12) turolenses

DESCUBRE CUÁLES DE ESTOS PARAÍSOS FISCALES NO SON REALES
Chalu-Kasu, Dineralia, Borbón, Sentei, Inlandia

UNE LAS EXPRESIONES CON SU COMUNIDAD AUTÓNOMA
•«Al pan, pan, y a la cocaína, cocaína»: Galicia
•«Cuando el mundo veas acabar, corre a la terraza de un bar»: Comunidad de Madrid.

•«Eso no lo he pedido, ¿lo tengo que pagar?»: Cataluña

•«De la siesta a la cama y de la cama a la siesta, eso si que es una fiesta»: Andalucía

•«De cuarto, de quinto y de sexto platos, ¿qué tenéis?»: Euskadi

•«Como sueltes ahí ese chorizo me veré obligado a matarte»: Comunidad Valenciana

•«Eeeeeeeeeecoooooo»: Castilla-La Mancha

•«Hallo, wie geht es dir?»: Illes Balears

•«Cuando la hora me quieras contar, a mí no me hagas restar»: Canarias

•«¿Zaragozano? ¡Me la agarras con la mano!»: Castilla y León (le está respondiendo a una persona de Aragón)

•«Ininteligible»: Canarias

•Pastillas de éxtasis: Comunidad Valenciana

•Kilos de carne empanada: Asturias

•Una anchoa de diez kilos: Cantabria

EL REY EMÉRITO POR EL MUNDO
1) d; 2) d; 3) c; 4) b; 5) a; 6) c; 7) a

DEMUESTRA QUE ERES UN ESPAÑOL DE BIEN

UNE LA RECETA CON SU COMUNIDAD AUTÓNOMA
•Lacón con grelos y chapapote: Galicia
•Crema con DNI español: Cataluña
•Cerveza con aceitunas, patatas de bolsa y cocaína: Comunidad de Madrid
•Bellotas: Extremadura
•Frutas exprimidas: Andalucía
•Queso con queso acompañado con queso y guarnición de queso: Castilla-La Mancha
•Migas aún no barridas: Aragón
•León a la plancha: Castilla y León
•Bufet libre: Euskadi
•Toro con diario del día anterior: Navarra
•Vino: La Rioja
•Piedras fritas con tierra hervida: Región de Murcia
•Happy Meal con Whopper: Illes Balears

PAÍSES QUE DEBERÍAN FORMAR PARTE DE ESPAÑA
Las palabras son Cuba, Uruguay, Argentina, Portugal, Andorra, Gibraltar, Bélgica, Inglaterra, Francia, Países Bajos, Italia, Colombia, Estados Unidos, Marruecos, todos.

	T		G	I	B	R	A	L	T	A	R		I	
	O												T	
	D			B	E	L	G	I	C	A			A	C
	O												L	U
E	S	T	A	D	O	S	U	N	I	D	O	S	I	B
			I	N	G	L	A	T	E	R	R	A	A	
P	O	R	T	U	G	A	L							
						F	R	A	N	C	I	A		
C	O	L	O	M	B	I	A	R	G	E	N	T	I	N	A
														N
														D
	M	A	R	R	U	E	C	O	S					O
	U	R	U	G	U	A	Y							R
														R
P	A	I	S	E	S	B	A	J	O	S				A

TEST: ¿QUÉ ACCIDENTE GEOGRÁFICO ERES?
•Si has respondido mayoritariamente a), ¡enhorabuena, eres un río! Tienes agua, eres largo y desembocas en el mar. Lo que viene siendo un río, vamos.

•Si has respondido mayoritariamente b), lo sentimos, eres un barranco. A nadie le molan los barrancos, y tú eres uno de ellos. Menudo accidente geográfico de mierda eres.

•Si has respondido mayoritariamente c), guau, eres todo un volcán. Escupes fuego, quemas muchisimo y nadie se atreve a acercarse a ti. Eso es lo que eres, sí.

•Si has respondido mayoritariamente d), pues mira, resulta que eres un témpano.

También nos dirás: «¿Y qué pasa si en lugar de haber optado mayoritariamente por una de las letras ha habido un empate entre dos de ellas?». Pues te callas y eliges la opción que más te guste, pero no molestes.

HISTORIA

MITO O REALIDAD
Realidad si ves el programa *Horizonte*: 1), 3), 5) 7), 8), 9), 10)
Realidad si no ves el programa *Horizonte*: 2), 4), 6)

EL JUEGO DEL AHORCADO
Benito Mussolini

PABLO MOTOS O ADOLF HITLER
Todas las frases son de Pablo Motos.

RELACIONA A ESTOS GENIOS
CON LOS INVENTOS QUE PLAGIARON
·Steve Jobs y Bill Gates: la interfaz gráfica de usuario
·Guglielmo Marconi: la radio
·Thomas Edison: la bombilla
·Mark Zuckerberg: Facebook
·Alexander Graham Bell: el teléfono
·Galileo Galilei: el telescopio
·James Watt: la máquina de vapor
·Los hermanos Wright: el avión
·Alexander Fleming: la penicilina
·Benjamin Netanyahu: el genocidio

COMPLETA LOS NOMBRES
DE LOS DINOSAURIOS
·Javier Antón Cacho
·Rocío Briones Morales
·Jesús Caicedo Bernabé
·Secundino Caso Roiz
·Susana Díaz Pacheco
·Juan Espadas Cejas
·Francisco Manuel Fajardo Palarea
·Vidal Galicia Jaramillo
·Antonio Poveda Zapata
·María Carmen Riolobos Regadera

ORDENA CRONOLÓGICAMENTE
LOS SUCESOS HISTÓRICOS
·1410 a. C.: 5) Moisés escribe diez mandamientos al azar tras comerse las dos tablas de embutidos que Dios le entrega en el monte Sinaí.
·750: 14) Una vitamina C abandona por primera vez el zumo de naranja a los pocos minutos de ser exprimido.
·1149: 15) El monje cisterciense Bernardo de Claraval inventa el *glory hole*.
·1556: 8) El pirata Francis Drake es detenido por bajarse la discografía de Maná.

·1570: 2) Miguel de Cervantes pierde una mano en la batalla de Lepanto. El *Quijote* tendrá 688 páginas en lugar de 1.376 por culpa de eso.
·1800: 3) El Vaticano obliga al papa Fucker I a cambiarse el nombre por el de papa Pío VII.
·1865: 6) Jesse James roba el wifi de su vecino, iniciando así una de las carreras delictivas más famosas de la historia.
·1930: 1) Dios consigue dotar de color al mundo tras siglos en blanco y negro.
·1933: 12) El partido de centroderecha liderado por Adolf Hitler sube en las encuestas gracias a su discurso políticamente incorrecto.
·1946: 13) El tren de Renfe que lleva españoles a Auschwitz llega con retraso, con lo que se salvan cientos de vidas.
·1955: 4) Una embarazada se sienta en la zona de minusválidos del autobús, acabando con siglos de discriminación.
·1985: 7) En el XVII Congreso Mundial de Padres se acuerda llamar «nintendo» a cualquier dispositivo electrónico de entretenimiento, sea de la marca que sea.
·1998: 11) La sonda Voyager I amenaza con volver a la Tierra si no le suben el sueldo.
·2004: 9) Se acepta la demanda de un tal Ringo Starr, que reclama que él también formó parte de los Beatles.
·2005: 10) El Parlamento de Cataluña aprueba, por 120 votos a favor y 15 en contra, el proyecto de nuevo Estatuto de Autonomía, lo que soluciona definitivamente el histórico problema territorial.

ENCUENTRA LAS DIFERENCIAS
Era una pregunta trampa: las dos imágenes son exactamente iguales.

JESUCRUCIGRAMA
Horizontal: ateísmo
Vertical: suicidarse

¿QUÉ MEDIO DE TRANSPORTE USARÍAN HOY
LOS SIGUIENTES PERSONAJES?
·Patinete eléctrico: Adolf Hitler
·BiciMad: Marie Curie
·Metro: Edgar Allan Poe
·Coche sin conductor: John F. Kennedy
·*Carsharing*: Michael Schumacher
·Segway: Nikola Tesla
·Hoverboard: Steve Jobs
·Yate: Enrique VIII
·Jet privado: Jesucristo
·Máquina del tiempo: el asesino de Adolf Hitler

TEST: ¿QUÉ GENOCIDIO ERES?

· Si la mayoría de tus respuestas corresponden a la a), ¡enhorabuena, eres el genocidio armenio! No eres el más popular, pero la gente te reconoce e incluso te menciona de vez en cuando.

· Si la mayoría de tus respuestas corresponden a la b), ¡enhorabuena, has ganado, eres el Holocausto judío! No existe un genocidio más famoso que tú. Tu popularidad no podría ser mayor.

· Si la mayoría de tus respuestas corresponden a la c), eres el genocidio congoleño. Pero no te desanimes, quizá con el paso del tiempo serás más querido y apreciado por los demás.

· Si la mayoría de tus respuestas corresponden a la d), lo sentimos mucho, pero eres el genocidio palestino. La gente sabe que existes, pero ha decidido ignorarte.

SALUD

ADIVINA EL DÍA EXACTO DE TU MUERTE
27/05/2042

ADIVINA EL NUTRI-SCORE

· A: espaguetis Hacendado, cereales Chocapic, agua mineral, cacao soluble Nesquik sin azúcares añadidos, yogur natural Danone

· B: Coca-Cola Zero, aceite de oliva virgen extra Borges, Trina Tropical, arroz blanco redondo

· C: patatas Lay's al horno, leche entera Pascual, natillas Danet

· D: sobaos La Bella Easo

· E: KitKat, zumo de manzana Hacendado

ENCUENTRA LOS PRINCIPALES SÍNTOMAS DE LA ANSIEDAD

Nerviosismo, agitación, tensión, sudoración, temblores, debilidad, cansancio, insomnio, diarrea, pánico.

N	E	R	V	I	O	S	I	S	M	O					D	
															I	
			C	A	N	S	A	N	C	I	O	A			R	
															R	
	I	N	S	O	M	N	I	O							R	
									T	E	M	B	L	O	R	E	S
								P							A	
	S	U	D	O	R	A	C	I	O	N						T
									N							E
		D	E	B	I	L	I	D	A	D						N
				C												S
				O												I
																O
																O
			A	G	I	T	A	C	I	O	N					N

DOCTOR GOOGLE

· Ligero dolor en la zona de la nuca acompañado de leves mareos al levantarse demasiado rápido: cáncer terminal de cabeza.

· Orina amarilla a primera hora de la mañana: cáncer terminal de riñón.

· Un hambre atroz, especialmente muchas horas después de la anterior comida: cáncer terminal de estómago.

· Escozor en la zona del entrecejo y picores habituales en el centro de la espalda: cáncer terminal de piel.

· Tos improductiva acompañada de, al menos, tres estornudos diarios: cáncer terminal de garganta.

· Miccionar más de cinco veces al día independientemente de la cantidad de líquido que se ingiera: cáncer terminal de próstata.

· Dolor cada cuatro semanas en la zona del pezón. acompañado de inflamación: cáncer terminal de pecho.

· Que los huevos cuelguen por debajo de la polla: cáncer terminal de testículos.

· Cansancio al correr a gran velocidad acompañado de mocos y exceso de saliva en la boca: cáncer terminal de pulmón.

· Fatiga antes de dormir o justo al despertarse y pinchazos abdominales al menos una vez al mes: cáncer terminal de hígado.

COLESTEROL BUENO O COLESTEROL MALO
·Colesterol bueno: atún, sardinas, salmón, nueces, castañas, aguacate, espinacas, higos
·Colesterol malo: queso, pizza, dónuts, croquetas, bistec de ternera, jamón serrano, patatas fritas

DEMUESTRA CUÁNTO SABES DEL CUERPO HUMANO
1) Lóbulo frontal
2) Tubérculo de Darwin
3) Chip del Gobierno de Estados Unidos
4) Grafeno de la vacuna del covid
5) Corazón
6) Pulmón
7) Hígado
8) Hamburguesa del McDonald's
9) Páncreas
10) Riñón
11) Intestino delgado
12) Intestino no normativo
13) Apéndice
14) Hoja que tapa los genitales
15) Chip extraterrestre
16) Fosa poplítea
17) Tibia
18) Peroné
19) Pie izquierdo

GENTE

¿CUÁN POPULARES SON LOS SIGUIENTES FAMOSOS?
·Kim Kardashian: 358 millones
·Taylor Swift: 282 millones
·Cristiano Ronaldo: 650 millones
·Leo Messi: 505 millones
·Georgina Rodríguez: 65 millones
·El Mundo Today: 587.000
·Laura Escanes: 2 millones
·Aitana: 4 millones
·Ester Expósito: 25 millones
·Ibai Llanos: 11 millones
·Gabriel Rufián: 176.000
·Isabel Díaz Ayuso: 794.000
·Vicente García Santana: 1.000
·Luisa Ruano Hita: 50
·Enzo Vizcaíno: 5.000

AMANTES DEL REY EMÉRITO
Olghina, Gabriela, Gladys, Sara, Marta, Barbara, Raffaella, Queca, Corinna, Sol

¿DÓNDE ESTÁ CARLES PUIGDEMONT

¿POR QUÉ LOS CANCELARON?
1) a; 2) b; 3) b; 4) d; 5) b; 6) c; 7) a; 8) d; 9) d; 10) a

¿QUÉ YOUTUBERS TODAVÍA VIVEN EN ESPAÑA?
Jordi Wild, El Xokas e Ibai Llanos.

MASTERCHEF DE VERDAD O *MASTERCHEF* DE MENTIRA

Verdaderas: 1), 3), 6), 9)

Falsas: 2), 4), 5), 7), 8), 10)

¿A QUÉ FAMOSO PERTENECE CADA ESQUELA?

1) b; 2) c; 3) c

¡OH, NO! ¡ALGUIEN HA ESCRITO EN EL GRUPO DE WHATSAPP FAMILIAR!

1) b (aunque en realidad ni siquiera hayas entrado en el enlace).

2) d (tampoco hay que pasarse con la motivación).

3) a (hay que ahorrarse líos).

4) d (recuerda que no trabajas en Newtral).

5) c (perfil bajo siempre, que no huelan el miedo, pero tampoco llames demasiado la atención).

6) d (el odio se combate con amor).

7) b (Rafaelito siempre se hace el bueno, pero no entres al trapo).

8) b (aunque no hayas ni visto la foto).

9) a (da igual que lleve cuarenta años emborrachándose y liándola).

10) c (sabemos que no lo harás, pero así todo será más fácil).

TEST: ¿CUÁN VIEJO ERES?

•Si la mayoría de tus respuestas han sido a), la verdad es que eres tan joven que no entendemos qué estás haciendo con un libro en la mano. Has debido de confundirlo con una tablet.

•Si la mayoría de tus respuestas han sido b), lo sentimos mucho, pero, aunque todavía te crees joven, la verdad es que ya te estás quedando muy atrás. Deberías empezar a aceptar que te haces mayor.

•Si has optado mayoritariamente por las c), hemos de decirte que eres bastante viejo ya, pero sobre todo que estás muy obsesionado con los animales y que nos has dado bastante mal rollo.

•Si has contestado d) la mayor parte de las veces, eres viejísimo. De hecho, no creemos ni que recuerdes haber hecho ningún test.

MURCIA

MURCIA NO, MURCIA SÍ

Jordi el Niño Polla y Santi Rodríguez

TRADUCE LAS SIGUIENTES FRASES AL ESPAÑOL

1) «Oye, estoy muerto de hambre, dame algo aunque esté en mal estado».

2) «¡Joven, que te den por el culo!».

3) «Este exceso de sol me genera malestar».

4) «Me he excedido comiendo y me gustaría enfatizarlo».

5) «Ir a hombros es una tontería».

CHISTES DE MURCIANOS QUE YA NO SE PODRÍAN HACER HOY EN DÍA

Hoy en día no podría hacerse ninguno de estos chistes porque son todos malísimos.

SOPA DE LETRAS MURCIANA

Aguocho, pejcuezo, jarussa, eeeeeeeeeeeeep, achiiiooo, grrrrrrrrrr, paplooooao, topucoo, echechecho, subiroumo

A	G	U	O	C	H	O							G
													R
E	E	E	E	E	E	E	E	E	E	E	P		R
			P	A	P	L	O	O	O	A	O		R
													R
				S	U	B	I	R	O	U	M	O	R
	A	C	H	I	I	I	O	O	O				R
													R
				E	C	H	E	C	H	E	C	H	O	R
				P	E	J	C	U	E	Z	O		R
	T	O	P	U	C	O	O						
J	A	R	U	S	S	A							

¿MURCIA O MARTE?

Murcia: 2), 5), 6)

Marte: 1), 3), 4)

¿QUÉ TITULARES DE EL MUNDO TODAY SON REALMENTE SOBRE MURCIA?

Los siguientes titulares no son sobre Murcia (aquí está su versión original):

•«Los biólogos recomiendan a los argentinos que hablen un poco menos a las plantas».

•«Pedro Sánchez declara que Galicia es "una mierda"».
•«Ser catalán será ilegal a partir de octubre».
•«Madrid habilita un carril para vejestorios».

PON NOMBRE A LOS SIGUIENTES PRODUCTOS MURCIANOS

1) Acelga
2) Albaricoque
3) Almendra
4) Arroz de Calasparra
5) Berenjena
6) Gato
7) Lechuga
8) Limón
9) Melocotón
10) Melón de Torre Pacheco
11) Un palo
12) Paparajote
13) Pimentón de Murcia
14) Piedras
15) Perro muerto

LOCALIZA LOS PUEBLOS DE MURCIA

Puente Tocinos, Llano de Brujas, La Raya, El Mojón, Los Conejos, Alcantarilla, Baños y Mendigo.

TEST: ¿PODRÍAS CONSEGUIR LA NACIONALIDAD MURCIANA?

1) d; 2) a (Murcia de Filipinas); 3) c; 4) c;
5) a; 6) b; 7) d; 8) b; 9) c; 10) d

AYÚDANOS A REDACTAR UNA CARTA DE DISCULPA A LOS MURCIANOS

Queridos murcianos:
Desde El Mundo Today nos gustaría decir que, si alguien se ha podido sentir ofendido con las actividades y los comentarios vertidos en el apartado titulado «Murcia» del cuaderno de actividades de El Mundo Today, en el caso de sentirse ofendido por la manera de aproximarse a los contenidos sobre la Región de Murcia y de su capital, no era nuestra intención que nadie se sintiera ofendido. Si hubiera que pedir disculpas, nosotros seríamos los primeros en pedirlas en caso de que alguien se haya sentido ofendido por nuestras palabras. Nuestro compromiso con Murcia es inquebrantable, y nada está más lejos de nuestra intención que ofender a los murcianos, personas que, gracias a nuestros chistes de los últimos años, han conseguido visibilidad y empezar a existir para el resto de España. Por lo cual, con toda humildad, les damos un sincero «de nada».

TECNOLOGÍA

ENCUENTRA EL EMOJI GUIÑADOR

En la sexta fila, el octavo empezando por el final.

ENCUENTRA LAS SIETE DIFERENCIAS

1) La Roomba es de interior y Terminator es de exterior.
2) La Roomba resiste más golpes que Terminator porque sufre cientos de ellos diariamente.
3) Terminator fue fabricado para defender a John Connor, mientras que la Roomba se creó para destruirlo.
4) La Roomba es silenciosa y Terminator es muy ruidoso.
5) La Roomba es más inteligente que Arnold Schwarzenegger.
6) Terminator tiene muchos más remakes que la Roomba.
7) La Roomba podría desplazarse sobre Terminator, pero Terminator jamás podría desplazarse sobre la Roomba.

LANZA TU PROPIA BOMBA ATÓMICA

1) c; 2) a; 3) b; 4) a; 5) d

¿QUÉ NO INVENTÓ STEVE JOBS?

Ningún invento fue idea suya.

¿INTELIGENCIA ARTIFICIAL O FAMOSO?

IA: 3), 4), 6), 7), 9)
Famoso: 1), 2), 5), 8), 10)

TEST: ¿QUÉ APOCALIPSIS ERES?

•Si la mayoría de tus respuestas corresponden a la a), lo sentimos mucho, pero eres el cambio climático. Aunque siempre estás ahí, nadie te hace caso y eres una persona que pasa muy desapercibida.
•Si tus respuestas se corresponden mayoritariamente con la b), tenemos que decirte que eres la guerra nuclear. Aunque se habla de ti, la verdad es que nadie te toma del todo en serio y no eres especialmente popular.
•Si la mayoría de tus respuestas se corresponden con la c), enhorabuena, ¡eres el apocalipsis provocado por la inteligencia artificial! Aunque eres muy poco probable, la gente habla mucho de ti y te da más importancia de la que tienes realmente.
•Si has optado mayoritariamente por la d), nos congratula informarte de que eres todo un apocalipsis extraterrestre. Nadie cree en ti, todos piensan que eres un loco, pero ahí estás, esperando agazapado tu momento de sorprender a todos y brillar.